四库存目

青囊匯刊 ⑪

羅經透解

[清] 王道亨 ◎ 著

宋政隆 ◎ 点校

华龄出版社
HUALING PRESS

责任编辑：薛　治
责任印制：李未圻

图书在版编目（CIP）数据

四库存目青囊汇刊. 11 /（清）王道亨著；宋政隆点校. 北京：华龄出版社，2020. 12
ISBN 978-7-5169-1744-2

Ⅰ. ①四… Ⅱ. ①王… ②宋… Ⅲ. ①《四库全书》图书目录 Ⅳ. ①Z833

中国版本图书馆 CIP 数据核字（2020）第 180826 号

声明：依据《中华人民共和国著作权法》及《中华人民共和国著作权法实施条例》，本书作者依法享有本书的著作权。未经出版社及作者许可，禁止大量引用、节录、摘抄本书，禁止以任何方式翻印本书。

书　　名	四库存目青囊汇刊（十一）：罗经透解
作　　者	（清）王道亨著　宋政隆点校

出 版 人	胡福君
出版发行	华龄出版社
地　　址	北京市东城区安定门外大街甲 57 号　邮　编：100011
电　　话	(010) 58122246　传　真：(010) 84049572
网　　址	http://www.hualingpress.com

印　　刷	九洲财鑫印刷有限公司
版　　次	2020 年 10 月第 1 版　2020 年 10 月第 1 次印刷
开　　本	720×1020　1/16　印　张：14.75
字　　数	238 千字　印　数：1～6000
定　　价	58.00 元

版权所有　　翻印必究
本书如有破损、缺页、装订错误，请与本社联系调换

序

粤稽罗经之制，轩帝创其始，周公遵其法，指南针方位分定。然先天只有十二支神，汉张良配至八干四维，罗列于内，名为地盘；杨、赖二公，又加中外两层，号曰天盘，合成三才。其中全度星宿，备载罗列；衍寓河洛五行之奥，显藏羲文八卦之奇；体精用宏，变化无穷。洵哉包罗万象，经纬天地；上可以格天运星度轮回，下可以辨山川方位吉凶，中可以定人间阴阳两宅，而万事利用之至宝也。

汉晋唐宋以来，名贤崛起，自杨、曾、廖、赖而外，代不乏人，救贫造福，应验足神。究其著书立说，体认固在星峦，化用实在罗经。后之业堪舆者，讲峦头，取象类，习倒杖，分门别户，晓晓争鸣，全不讲究罗经；不知地理之扼要，必峦头为体，以经盘为用；即习罗经，其中之细义不明，忘毫厘之差，至千里之谬。况罗经不讲，则龙穴砂水，无由辨其真伪休咎，纵得峦头融洽之美，往往吉地凶迁，致使水蚁交侵，人财败绝，其弊可胜言哉！谚云："庸师不明，倾覆全家"，信然也。

余学习地理，多历年所，颇识星峦吉凶之道，亦善选择星期，惟恐罗经未能透晰解明，祸福难定，爰博览古今名籍，广投明师秘授，将罗经全体大用，潜心考究，参透元机。由是跋涉山川，通访名坟乡塚，考验祸福，百无一失，则地理之道，三要备悉，内可以问诸己，外可以质诸人。凡为人造葬迁卜，颇能趋吉避凶，而无倾覆败绝之害。但制化精微，穿山透地，消砂纳水，分金坐度，层次繁密，理法深晦。有各层分用者，有两层互用者，有一层兼用者，有通盘合用者，此中有变而通之、神而明之之妙用焉。倘一丝错误，关系匪小。兹谨将古制罗经三十六层，集成一帙，付之枣梨，散诸四方。愿天下后世，共知共能，按图诀用，多能备知。峦头选择，则尽善尽美；而于造福之道，庶不差矣。

时维道光三年岁次癸未桂月吉旦
太原四合堂阴阳学生王道亨题于凤山书斋

序

"昔者圣人之作易也，仰以观于天文，俯以察于地理。"又曰："立天之道，曰阴与阳；立地之道，曰柔与刚。"此地理之说，所由昉也。至于《诗》云："相其阴阳，观其流泉"，又其尤大彰明较著者也。自秦汉以后，精此道者，代不乏人。如晋之郭景纯、唐之杨筠松，则深造于元妙之极，旷代难逢矣。近世儒者，多不讲究地理，往往置亲骸于无龙无穴、砂飞水走之境，以致水蚁交侵，后嗣败绝，良可惜也。语云："为人子者，不可以不知医理，不可以不知地理。"人曰："山川若能语，地师色如土。脏腑若能语，医士食无所。"诚见夫此道之难精，不可以浅尝浮慕之学，自误而并误人也。宋儒惟朱、蔡二夫子洞达精微，所著《发微论》，足以传世不朽，奈何不取以览观之也。

第此道自杨、曾、廖、赖四大家而外，精之者难以悉数，合而言之，不过峦头天星而已矣。峦头即形势，天星即理气，二者不可偏废也。但形势之在天壤间，任人横看顺看，远看近看，明眼者易于察识。如沈新周《地学》、曹安峰《原本》，以及《山洋指迷》、《堪舆一贯》等书，言之详且尽矣。若理气，则必讲求罗经，深探夫二气五行之精，默悟夫河图洛书之秘。广之则有三十六盘之元妙，约之则有十五盘之神机。致广大而尽精微，非得人指授，必不能凭虚而参其妙谛也。顾或谓形势不佳，虽理气相合，亦不足用。此其说固然，而特恐形势佳而理气不合，则地吉葬凶，亦不发福。况大地甚少，非大德不能得；至于寻常山原，苟于理气不乖，亦可以延嗣续而赡衣食，则执罗经以求地理、业斯术者，讵可不条分缕晰，以尽心于趋吉避凶之用乎！

定邑王公道亨，幼业儒术，长学地理，沈潜多年，尝病世人徒讲形势，而不求理气，以致受害无穷。因博览群书，遍考名墓，深察祸福之本，实验贫富之原，乃著《罗经透解》一书，而问序于余。时余司铎茂州，因岁试在省，读其书，知公留心济世，欲人安亲骸，利后嗣，以造福于无穷也。至于求地必合天理，有大德乃逢大地，此又理势之必然而无疑者，世人更不可视为老生常谈，而不留意于《洪范》阴骘之训也。

时道光三年岁次癸未五月下浣

茂州学正杏林聂元樟撰

罗经序

盖罗经之制，体精而用弘，字字入玄，画画隐妙。其中龙剖雌雄交媾之精，穴阐二五太极之秘，砂穷生死之奥，水澈明暗之神，辨晰差错空亡煞曜；发从来未发之缄，别白星辰宿度吉凶，定四时动静之机，而且层次井然，触象明心，变化无穷。洵哉经纬天地，包罗万象，体用兼备，而为万世确乎不易者也。而世之业术者，每每不于罗经层次，逐一分明运用。然抑思罗经之道，非圣莫作，非明莫述，从古仁圣贤人，既已彰明朗著，班班可考，各适其用，何曾用不由体，去之如遗？如果执一弗用，则往古圣贤，早已笔则笔，削则削，无复有此条分，列序其次，是何用不由体，安袭鱼鲁乎？吾恐暮夜晦明，独目自瞀者也。

余不敏，自儒学不逮，得师口诀，归习堪舆，三十余年。虽不能泄玄黄之精蕴，溷地理之神机，剖鬼神之妙用，察祸福之隐微，而据理折衷，颇识峦头五吉四凶，而内劫更妙；审龙脉前胎后伏，而外劫如神。察生死之砂，砂无遗理；究明暗之水，水尽神机。又阅十余年，承恩简咨阴阳学，日有兢兢，虑职难称，复于形书图据，见白方寸诗词，与群书已发未发之蕴，苦心玩索。犹恐备证狐疑，由是穿岭大川，朝夕摘梓山灵，穿芒鞋，暴霜露，陇颠支麓，棘径壁崖，以及名墓乡塚，备细考验，百无一失。因此洗心潜玩，将古圣先贤，群书录载罗经隐注层次，一一醒解，集成一帙，名《罗经透解》，以公天下后世，使不致一误再误。庶几有体有用，而仙机流芳，于焉不坠耳。

白方寸诗

假谙山水谬罗经，方寸宁知有监临。气脉杳无龙去远，星辰空指蚁水侵。黄泉黯黯悲青骨，红日昭昭即黑心。若为饥寒行盗术，最怜损德祸犹深。

朱夫子云："有天理必有地理，有心地必有阴地。"又云："未葬山头地，先看屋下人。屋下人无福，山头地不灵。"

山川有灵而无主，尸骨有主而无灵。非是时师眼不开，大地原待福人来。

时道光三年岁次癸未蒲月朔日
太原四合堂阴阳学训术王道亨题于自适山房

序

夫罗经者，可以契鬼神之妙，可以会蓍龟之灵。然人非三世，莫能造其玄；心非七窍，莫能悟其奥。故得道者宜秘，非其人者莫传。造之深可以入道，用之久可以通神。

今时有一等庸术，不使罗经者，真是谬言诬世。先贤制之，与人造福；不使罗经者，术不解其说。远观山之形势，星体歪斜，砂飞水走，恶石巉岩，孤露带煞，四顾无情，不必以罗经审察，真无地者言也。先圣云："卦为宗庙误人多，无龙无穴代如何。认尔装成千般卦，空闲无地落倾波"，正此谓也。若定真龙真穴，体正方圆，三吉六秀之地，不使罗经者，迷其东南西北，二十四山方位何定？穿山透地之法，何所依据？则地吉葬凶，真是毫忽之差，祸福千里，斯俗愚人，可笑可叹！故作用者夺神功于莫测，惟深实道者能言之。

又云："易卦凑合成一胎，龙穴砂水认君裁。登山不装诸般卦，纵有福人地难开。"考证先贤起例，三十六盘层次作用，乘气定穴，收放消纳，趋吉避凶，全凭罗经之功。余编成《罗经透解》一书，愿与海内君子同志，共相参而云尔。

包罗万象惟秘旨，参透玄机异味深。吾得斯道几艰苦，千万不可传匪人。

四合堂著

序

罗经者，盖取罗包万象，经纬天地之义，测天地之灵秘，符造化之妙用。测天之用，乃测山川生成之纯驳，以辨其地之贵贱大小也。正集所具乘气立向，消砂纳水，趋吉而避凶之妙用矣。净阴净阳之位，虽从后天，而阴阳之原，实从先天之理，凡学盘者所必知也。

其圆盘次序，乾纯阳而为天，故居南上；坤纯阴而为地，故居北下；离内阴外阳，日与火之象也，居东；坎内阳外阴，月与水之象也，居西。兑一阴加二阳之上，阴不能下，故聚而为泽，东南者大泽也。艮一阳加二阴之上，阳不能下，故峙而为山，西北者山祖也。震一阳夺于二阴之下，雷象也，雷起于春，故震居东北。巽一阴动于二阳之下，风象也，风急于秋，故巽居西南。虽然，此亦后人之解也。

若伏羲画卦之初，从一阳一阴两画，垒成八卦之横图，曲之以即成圆图焉。画卦之始，故曰"无极而太极"。画画从右起始，先右画一阳仪，次左画一阴仪。阳仪之上，再加一阳一阴，而成老阳少阴。少阴者，阳育阴也。阴仪之上，加一阴一阳，而成老阴少阳。少阳者，阴育阳也。再于老阳之上，加一阳而成乾，加一阴而成兑。少阴之上，加一阳而成离，加一阴而成艮。老阴之上，加一阴而成坤，加一阳而成震。少阳之上，加一阴而成坎，加一阳而成巽。三才立而卦象成矣。

净阴净阳者，二十四山之第一作用者也，其原从先天八卦配洛书九宫之数而出。乾南得画之九，坤北得画之二，离东得画之三，坎西得画之七，其数奇，故四卦为阳所纳之干支，从之为阳也。艮西北得画之六，震东北得画之八，兑东南得画之四，巽西南得画之二，其数偶，故四卦为阴，所纳干支亦从阴也。

净阴净阳，乃先天之卦气，而方位则用后天焉。先天为体，后天为用也。先贤贵阴者，以四阳居四正，其气正而刚，刚多则凶；且上下二爻，纯阴纯阳，九六不冲和也。四阴居四隅，其气偏而柔，柔多则吉；且上下二爻，一阴一阳，有九六冲和之义也。洛书纵横十六个十五数，共合二百四十分，每山十分顶足，故曰"三七二八"，分金之源也。

目　　录

新订王氏罗经透解卷一 ·· 1

考证古圣先贤书籍名录于后 ·· 2

层次目录 ·· 3

论罗经之用如树臬测影 ·· 6

论太极化生 ·· 7

考验罗经层次起例用法对证 ·· 8

第一层　先天八卦 ·· 9

第二层　洛书 ··· 13

第三层　八煞黄泉 ·· 16

第四层　八路四路黄泉 ·· 18

第五层　九星 ··· 20

第六层　地盘正针 ·· 23

第七层　阴阳龙 ··· 26

第八层　正五行 ··· 29

第九层　劫煞取用 ·· 32

第十层　穿山七十二龙 ·· 33

第十一层　穿山本卦 ··· 36

第十二层　中针人盘 ··· 38

第十三层　透地六十龙 ·· 43

第十四层　透地奇门 ··· 52

第十五层　透地卦配六十龙 ·· 54

第十六层　六十龙配宿以应四吉砂水 ··························· 56

第十七层　定四吉三奇 …………………………… 59
　　第十八层　纵针天盘 ……………………………… 110

新订王氏罗经透解卷二 …………………………… 125

　　第十九层　秘授正针二百四十分数 ……………… 126
　　第二十层　分金合内地盘 ………………………… 128
　　第二十一层　合外天盘分金 ……………………… 131
　　第二十二层　定差错空亡 ………………………… 133
　　第二十三层　分金为地元 ………………………… 134
　　第二十四层　纳音五行 …………………………… 137
　　第二十五层　十二宫分野 ………………………… 141
　　第二十六层　二十八宿躔分野度 ………………… 145
　　第二十七层　逐月节气太阳过宫 ………………… 147
　　第二十八层　亥建起正月登明十二将 …………… 152
　　第二十九层　娵訾十二神躔舍过度 ……………… 154
　　第三十层　十二宫舍 ……………………………… 157
　　第三十一层　二十四位天星 ……………………… 159
　　第三十二层　浑天星度五行 ……………………… 162
　　第三十三层　坐山二十四向盈缩六十龙透地 …… 164
　　第三十四层　合人盘二十八宿经纬度数 ………… 166
　　第三十五层　定差错空亡 ………………………… 168
　　第三十六层　二十八宿配二十四山 ……………… 170

新订王氏罗经透解卷三 …………………………… 175

　　杂览紧要目录 ……………………………………… 175
　　龙诀 ………………………………………………… 175
　　穴情 ………………………………………………… 177
　　砂钳 ………………………………………………… 178
　　水法 ………………………………………………… 179
　　并搜录先贤注明紧要捷诀 ………………………… 180
　　论平枝山谷 ………………………………………… 183

论贵格贫贱好歹	183
看官鬼禽曜	183
论四正	184
九星笔	184
九星印	184
九星马	184
论笔得位不得位	184
安泰山石	185
安吞口	185
安赐福板	185
安善板	185
安白虎镜	185
文华公黄龙透塚经	186
论草看坟之应	186
辨男坟女坟	187
审古墓法诀	187
又抽空审诀	187
相地点穴	187
修塔	188
修墉壁	188
修坊	188
建立宗祠	189
扦油房	189
立灯竿	189
五星九星聚讲图说	189
杨廖二公九星歌	190
五星聚讲图	190
论罗天大进日	191
六畜起例	191
看坟宅兴衰论	191

论门光星歌	191
论起黄道黑道	192
黄道黑道歌	192
双金煞	192
登山相穴	192
四季墓绝	193
天星砂位内十二劫	194
八凶峦头神断捷诀	200
峦头杂凶	203

新订王氏罗经透解卷一

　　盖龙分三八，气属五行，阴阳消长，虽在龙穴砂水与向；而祸福枢机，全在一穴中。穴中消砂，穴中纳水，穴中乘气。乘法有三，要明五针，固必审龙细认出脉处，审穴细认动气处，审来水细认出面朝映处，审去水细认玄窍相通处，审水细认合局破局处。审龙看后，审向看前；来水看来，去水看去。倘不明形势，漫下罗经，圣云："庸医之误，不过一人；庸师之误，覆人全家。"皆因有绝向而无绝龙，不识砂水，错于立向耳。愿天下明师，共相参阅，俾仁人孝子，同获吉地，齐登富贵之天。

考证古圣先贤书籍名录于后

《钦定协纪辨方》：辨五行，言天星讲年月。

《铅弹子》：辨砂水，分宫位。

《刘氏家藏》：讲年月。

《一贯堪舆》：言星体，讲罗经。

《四弹子》：讲星体，言水法。

《象吉》：讲年月。

《正纪一统》：讲罗经，言穿山透地。

《天机会元》：言星体，言罗经。

《鳌头》：言年月，讲卦例。

《顶门针》：言罗经辨五行，讲天文地理。

《平地五星》：讲阳宅。

《原真》：讲水口，言三合。

《地理不求人》：讲星体，讲罗经。

《青囊经》：言卦例。

《地理原本》曹安峰：言星体。

《雪心赋》：言星体。

《玉体经》：讲星体。

《山洋指迷》：言星体。

《五种秘窍》：言卦例，讲罗经。

《崇正辟谬》：讲年月，辨五行。

《地学》沈新周：言星体。

《地理统一全书》：言星体。

《陈子性》：讲年月，言五行。

《玉尺经》：言天文地理。

一要广览先贤诸书名集，所以知黄卷中自有明师指秘。

层次目录

第一层，先天八卦，变后天八卦方位。先天为体，后天为用。用后天不可破先天，用后天不用先天，而先天体在其中矣。

第二层，洛书变四象，化后天，成九紫，分六甲。一百二十分金，纵横十六个十五数，睿文明之象。

第三层，八煞黄泉，即先天八卦之官鬼爻，浑天五行作用。龙忌来水立向，忌克龙。

第四层，八路四路，反复地支白虎，黄泉煞曜。八干向忌四维水来，四维向忌八干水来。去则吉，来则凶，犯之主损财伤丁之验。

第五层，九星以应垣局。分龙贵贱，辨土色，求穴情，应二十四位天星位次取用。

第六层，地盘正针。格龙定向，乘气入穴，立宅安坟，阴阳选择，总统三十六层，皆由此盘运用。

第七层，阴阳龙。由先天八卦，乾南坤北，离东坎西，居四正之地为阳；震巽艮兑，居先天四维之地为阴。每卦纳甲干支，为阴阳各半。辨水法，不可阴阳差错。

第八层，正五行统地盘之下。其源由河图而来，分东南西北二十四山，金木水火土相生相克为用。

第九层，劫煞。以坐山为主，忌一山破碎凶恶歪斜，秀美不忌。

第十层，穿山七十二龙。在地盘下只六十甲子，五子中载十二红正字，抵四维八干，凑成七十二龙，以为理龙入首，接承透地乘气入穴，一脉贯注，又合每岁七十二候为用。

第十一层，穿山为本卦。《周易》为天统，《易》以乾为首，言天道变化，卦爻通乎律吕，补助来龙坐穴，体用之主。

第十二层，中针人盘参合天地二盘，为天地人三才。赖公以此消砂，并参合挨天星二十八宿为表里论。太阳到山十二躔舍，星次十二宫分野，二十四位天星，透地奇门，皆由此盘统用。

第十三层，透地六十龙，名曰天纪。在坟宅后八尺峦头，分气贯大，有旺相、珠宝、煞曜、火坑、孤虚、差错、空亡之别。取九六冲和卦为旺相，无冲和为空亡。

第十四层，透地奇门。取子父财官、禄马贵人、阴阳二遁起例。

第十五层，透地卦，以透地为内卦。一曰连山，夏得人统，《易》以艮为首，配卦以浑天五行装子父财官、禄马贵人、四吉砂水为用。

第十六层，透地六十龙。配二十八宿，五亲砂水。禽星持世管局，出乎自然而用。

第十七层，定四吉五亲。三奇入门，九星到方。后列二十四图。

第十八层，缝针天盘，变来去之水。乃杨公九星天父卦，翻辅、武、破、廉、贪、巨、禄、文吉凶神，断出乎静阴静阳。

第十九层，秘授正针。二百四十分数，由洛书纵横十六个十五数，每山十数，二十四山，共二百四十分，为分金之源。

第二十层，地盘分金，为二八加减。减砂水明堂，不正克命克龙，故有三七加减。

第二十一层，天盘分金，为三七加减。每山分金有五，如子山则有甲子、丙子、戊子、庚子、壬子。甲乙为孤，壬癸为虚，戊己为煞曜。取丙丁为旺，庚辛为相，以免架线误落，差错空亡之害。

第二十二层，分旺相孤虚。取丙丁庚辛抵红圈为旺相，戊己抵父字为煞曜，甲乙壬癸抵黑点为孤虚空亡之别。

第二十三层，分金配地元归藏为外卦。殷得地统，《易》以坤为首。六十卦，配六十分金，取金卦两全，旺相为得金，冲合为得卦。卦有六十四卦，除坎离震兑先天四正卦，应春夏秋冬，一季管一卦，一卦六爻，一爻管十五日；四六二十四爻，管二十四气；外六十卦，每月五卦，一卦管六日，六六管三百六十日为一年。

第二十四层，纳音五行。六十甲子，天干地支，由先天八卦纳甲取配。除乾坤大父母不数，天干值子午丑未，在震巽二卦推论；天干值寅卯申酉，在坎离二卦推论；天干值戊亥辰巳，在艮兑二卦推论。其法取九木七金五水三火一土，诀在《顶门针》，方知深义。

第二十五层，十二宫分野。得星峰秀丽，砂水清奇，应得贵食禄此州。

第二十六层，二十八宿躔分野度。某星分在某省州城府县，象悬此宫。

第二十七层，逐月二十四气。迎太阳到山，避凶煞，趋诸吉，临宫取四大吉时，为神藏煞没，造葬上吉。

第二十八层，登明十二将。迎太阳到宫，半月到一山，一月过一宫，逆行二十四山。

第二十九层，娵訾十二神。迎太阳躔舍，每月中气，取贵人登天门。

第三十层，宫舍馆驿。即太阳神将，文武百官镇守之地。每月同太阳过一宫，造葬大吉，诸煞潜藏。

第三十一层，二十四位天星，以映垣局。分三吉六秀，九星砂水，催官发福。若得一贵山，必出大贵先圣云。龙以冲和为美，星以得配为佳，正此耳。

第三十二层，浑天星度。五行在二十八宿，分为七政，各有所属。一宿亦有五行，上载金十二木十三水十二火十二土十二，共六十一位。唯艮宫多一木字，其星为五星登垣，五行与穿山透地，分金吉凶，相为表里。又合每岁三百六十五度，七十二候。

第三十三层，平分六十龙，参合浑天六十一字，一龙抵一字，一字管六日，六六皆管三百六十五日三时，以应每岁周天度数。七十二候，为罗经架线分金透地坐穴，取用无讹，正合《象吉》书二十四山，透地龙乘气入穴。

第三十四层，合人盘二十八宿经纬度数。上载三百六十五画，每宿度内分上关、中关、末关，消砂宫位作用，为挨星法。

第三十五层，定差错空亡。红圈黑点，分金架线，与穿山透地相为表里。有分金线压在红圈上，无分金线落黑点内，毫发不爽。

第三十六层，二十八宿配二十四山，与人盘中针消砂，名曰"挨星法"。以穴座之星为主，前向左右之星为宾。穴场者，北辰也。砂水者，二十八宿也。"譬如北辰，居其所而众星拱之"，正此谓也。

以上三十六层，广搜先哲遗书，体用兼该，愧余管见，造此《罗经全图》，指明用法诀窍，付之梨枣，散诸各方。造葬者按图诀而用事，则趋吉避凶之法，亦区区苦心云尔。

论罗经之用如树臬测影

盖罗经之始，乃轩辕黄帝战蚩尤，迷其南北，天降玄女，授帝针法，始得破彼妖术，此针法所由来也。然事属荒远，莫能稽考。或者谓周成王时，越裳入贡，归迷故道，周公遵其针法，造指南车以送之，针法始定，而帝因授流传。必以罗经定其位而察其气，乘其气而裁其穴，察宿度，合天星，取生旺，明制化，体先天，用后天；观水步之去流，察祸福于毫厘，使神不能专其宰，天不能易其命，故君子所以有夺神功改天命之才也。然地有不全之功，可以补之；有抑减之数，可以易之，则三才之理，要自罗经始明。所以上观天时，下察地利中定人事，舍此无他道也。

论太极化生

一为太极，是黄道五行百千万化也。二为两仪，一阴一阳乾坤也。三为三才，天地人也。四为四象，东西南北。五为五行，金木水火土也。六为六甲，六十花甲也。七为七政，日月五星也。八为八卦，乾坤艮巽震坎兑离也。九为九宫，贪巨禄文廉武破辅弼也。十为成数，洛书一得九而成十也。

考验罗经层次起例用法对证

盖罗经之制，原本太极，为天地之精，凝万物之根本。何为罗？乃包罗万象。何谓经？乃经纶天地。所以立规矩，权轻重，成方圆，莫不由金针与天池，始定风水焉。假令罗经无天池，则子午无定，阴阳莫分；八卦九宫，何由而别？五行迭运，无自而用；两头支干，莫由能效；龙向气脉，亦无由而稽。故天池藏有金针，动而为阳，静而为阴。两仪判四象，分八卦，定吉凶，自然化化生生于不穷。况天池本无极头，始于正中顶针一点为祖气，亦万物万化之根本也。分按天池外，罗经即太极也。是以子午中分为两仪，两仪合卯酉为四象，四象合四维即八卦。八卦定方位，各司其令，而天道成，地道平，人道立矣。

诗曰：虚危之间针路明，南方张度上三乘。坎离正位人难识，差却毫厘断不灵。

第一层　先天八卦

盖先天八卦，乃羲文二圣所作，与天地合其德，日月合其明，四时合其序，鬼神合其吉凶。从太极分动静，而生阴阳为两仪。从阳仪中生太阳少阴，从阴仪中生太阴少阳，是为四象。从太阳中生乾一兑二，从少阴中生离三震四，从少阳中生巽五坎六，从太阴中生艮七坤八，为之八卦。八卦定吉凶，吉凶生大业。

卦画奇偶，乾三连，坤六断；震仰盂，艮覆碗；离中虚，坎中满；兑上缺，巽下断，为卦成也。取象则乾为天，坤为地；震为雷，艮为山；离为火，坎为水；兑为泽，巽为风。分别五行，乾兑金，坤艮土，离火坎水，震巽木。分位八方，乾南坤北，离东坎西，震东北，艮西北，兑东南，巽西南。《易》曰："天地定位，山泽通气，雷风相薄，水火不相射。"分别顺逆，左旋自震至乾，皆得其已生之卦为顺；右旋自坤至巽，皆具未生之卦为逆。数往者顺，知来者逆。

先天卦位，以对待为义，出于阴阳消长之数，有自然而然之妙。是以阳生于子，极于午。故正南为乾，乾正阳之极也。阳极则一阴生，故以西南为巽，巽正一阴生之始也。阴生则气必盛而包阳，故正西为坎。坎正一阳中藏，而包在盛阴之内。阴盛则阳渐消，时当"硕果将食"之会，故西北为艮。艮非二阴之盛，而一阳之渐消乎？阴生于午，极于子。故以正北为坤，坤正阴之极也。阴极则一阳生，故以东北为震，震正一阳之始生也。阳生则气必盛而包阴，故以正东为离。离正一阴中藏，而包在盛阳之内。阳生则阴将渐消，势处"无号终凶"之会，故以东南为兑。兑非二阳之盛，而盛阴之渐消乎？是乾坤正位于南北者，推之阴阳消长，出于自然有若矣。

坎离正位东西，以观日月朔望、弦晦盈亏之故。其由下弦驯至于圆明，乃阴之消，阳之长，自下而渐长。故左旋之卦，一阳震，二阳兑，三阳乾，有以象之也。由上弦驯至于全晦，乃阳之消，阴之息。故右旋之卦，一阴巽，二阴艮，三阴坤，有以象之也。所以然者，阴明而阳晦。故月阴常禀日阳之光，晦则日光背而月晦，望则月光对而月且明也。知月之晦明盈亏，而日在其中矣。

坎离正位，列于西东；阴阳消长，出于自然。世人知先天对待之卦，不知阴阳消长之妙，所以理气之体，包括无尽也。文王后天则异位，卦取流行，以成一岁之运；至于变先天之体，而显之于用者，其卦序不从太极两仪四象生来乎？又以乾之纯阳为父，而生震长男，坎中男，艮少男；以坤之纯阴为母，而生巽长女，离中女，兑少女。其气分别阴阳，则乾之三奇为阳，而震、坎、艮之二偶一奇，亦为阳。此三卦禀气于乾父，阳从阳类，一奇为主，而二偶听之。故《易辞》所谓"阳卦多阴"，"一君二民，君子之道"。以坤之三偶为阴，而巽、离、兑二奇一偶为阴。此三卦各禀气于坤母，阴从阴类，一偶为主，而二奇听之。故《易辞》所谓"阴卦多阳"，"二君一民，小人之道"。其分别八方为后天，始震坎巽而终于艮，发生于始，收成于终，以象一岁流行之道。故《易》曰："帝出乎震，齐乎巽，相见乎离，致役乎坤；说乎兑，战乎乾，劳乎坎，成言乎艮。"详而论之，后天卦位，以流行为义耳。

卦有阴阳纯驳，与其所居宫位，适相符合，一毫无所牵强者。观元化运用之枢纽，首以天地二极为要区，非卦得阴阳之至纯者，不足以居之。故天之北极在亥，而乾以纯阳天象居西北；地之南极在申，而坤以纯阴地象居西南。俱是当极紧关切要去处，非徒谓其老亢退居无为之地也。至哉乾坤！为阴阳之祖宗，众卦之父母。故文王所以安顿乾坤两卦，居二极之地。

外此，坎中男，离中女，似非有长男代父，长女代母之权也。何故？以坎离代先天乾坤，而正居南北之正位。所以中分阴阳，而立八方之标准，非卦禀阴阳中正之气者，不足以居之。故离本先天乾体，得坤中一阴而中虚；坎本先天坤体，得乾中一阳而中实。各得阴阳中之正气，与诸卦之上下，杂禀阴阳者不同。文王用坎离正位于南北，大有深意，非偶然也。二卦各钟气于乾坤之中爻，位在先天，则正居于西东；后天居于南北，合先后坎离，各分出东南西北之正中，不识先天乾南坤北之本体故也。

震本长男，得气在坎离之先，何不代乾居南，而东位之，是出何哉？

诚以震一阳始生，卦既首冠于六子，则其所居之位，必首冠于五方；所生之令，必首冠于四时。长男代父，即不欲不居青宫以司春令，而居正东，岂可得哉！既以长男代父而资始，岂不以长女代母而资生乎？此巽所以继震之后位，居东南者，以长女附长男，以阴木佐阳木，互相协助，而俾其资始资生之并茂焉。

兑为少女，金之弱质，乃阳之不能自生旺者，故以正西居之。兑左附乾父，金资金助；右依坤母，金籍土生，则兑如是乎！艮为少男，似亦土之薄气，然艮与兑阴之柔弱无为者不同，犹能附人成事，而稍裨于岁力之万一。故以艮居东北，时当贞下起元之会，水将尽而木将继之候也。于是水得之而有滋润生息之机，木得土而有栽培生长之势。不得不居东北，以少男附长男，而协成一岁之功。

妙矣哉！文王之《易》，施后天之用，实先天之体，合洛书，兼河图。地法因之，以每卦管五山，合三八二十四位，用后天不用先天。即用后天，而先天之体在其中矣。

此乃先天八卦，自然对待夫妇。盖先天如人之魂，后天如人之体，有魂则有人，无魂则无人，互相配合，变化无穷，而为阴阳起化之根，万古不易之规者也。何以见其为根而不可易？以先天对待八卦并论，以九画而应九宫。如天地定位，共九画；水火不相射，共九画；雷风相薄，共九画；山泽通气，共九画。四九三十六画，以应三十六宫。故"乾遇巽时为月窟，坤逢雷地现天根。天根月窟闲来往，三十六宫都是春"，而罗经因载化三十六层，层层隐妙，字字入玄。时师多不察其本原，究其体用兼该之妙，余因是逐一注解，详列分明，以共世学，不没先圣苦心。

先天八卦式

《易》曰："乾以君之，坤以藏之；雷以动之，风以散之；雨以润之，日以暄之；艮以止之，兑以悦之，以运四时。"

雷即震，风即巽，雨即坎，日即离。

第二层　洛书即后天八卦

夫洛书者，戴九履一，左三右七，二四为肩，六八为足，五居其中。此为洛中神龟负图，以成变化无穷。一为坎水，二为坤土，三为震木，四为巽木，五为中宫，六为乾金，七为兑金，八为艮土，九为离火，八卦由此而生。历法因此有一白，二黑，三碧，四绿，五黄，六白，七赤，八白，九紫，取象以化四象。太阳居一而连九，四九三十六；太阴居四而连六，四六二十四。三十六，二十四，合共六十数，以成六十甲子。少阳居三而连七，四七二十八；少阴居二而连八，四八三十二。合共六十数，以成六十花甲。合前六十重之，化一百二十分金之源也。

化奇偶阴阳之数。一三五七九奇数属阳，二四六八十偶数属阴；乾坤坎离四卦属阳，震巽艮兑属阴。后天一得九而成十，坎离即子午向也；二得八而成十，坤艮向也；三得七而成十，艮兑酉卯向也；四得六而成十，乾巽向也，为后天对待夫妇。从洛书数之，坎一乾六艮八，共十五数，居北。巽四离九坤二，共十五数，居南。震三巽四艮八，共十五数，居东。兑七坤二乾六，共十五数，居西。总共六十，以应六十龙由来之源也。四正四维，及中央共六十数。合前六十数，又是一百二十分金。纵横十六个十五数算之，二百四十分，每山十分，以应二十四山旺相孤虚煞曜分金作用也。

至于河图，一六共宗，甲与己合；二七同道，乙与庚合；三八为朋，丙与辛合；四九为友，丁与壬合；五十同途，戊与癸合。可见河图洛书，运用者广矣。且逢合则化，必得五而成十。故甲己起甲子，至五位逢戊辰化土；乙庚起丙子，至五位逢庚辰化金；丙辛起戊子，至五位逢壬辰化水；丁壬起庚子，至五位逢甲辰化木；戊癸起壬子，至五位逢丙辰化火。此相合相化，皆从五子原遁，逢寅而生，遇辰而变，理之常也。与甲己起甲子，至寅为丙火，生戊辰土，后四宫同推。

洛书一得五而为六，则甲与己合；二得五而为七，则乙与庚合；三得五而为八，则丙与辛合；四得五而为九，则丁与壬合；五得五而为十，则戊与癸合。河图一六水，二七火，三八木，四九金，五十土。天一地二，天三地四，天五地六，天七地八，天九地十。言天数者，甲丙戊庚壬五阳干；言地数者，乙辛巳丁癸五阴干。凡大衍之数，天数二十五，地数三十，共五十五数。至精至微，妙用无穷。

后天八卦洛书图式

一坎，二坤，三震，四巽，五中，六乾，七兑，八艮，九离，概出于此，以作飞宫吊度。

纵横十六个，十五数在其中，数之二百四十分。

八卦五行：离火比坎水，乾金与兑同。震巽皆属木，坤艮土为宗。八山寻卦例，一卦管二宫。

第三层　八煞黄泉

坎龙坤兔震山猴，巽鸡乾马兑蛇头。艮虎离猪为煞曜，宅墓逢之一时休。此煞为诸恶之首，造葬最忌。

世人用法，呼为八煞黄泉，皆畏忌之，殊不知实有九煞。如坎龙辰戌水来，其煞有二；至坤龙卯水来，震龙申水来，巽龙酉水来，乾龙午水来，兑龙巳水来，艮龙寅水来，离龙亥水来，类皆一龙一煞。其诀总在因龙变水，依水立向。倘变煞为官，皆为大贵之地。若不知此，则危矣，宜详细之。

至于选日造命，则在年月日时忌用。

坎山忌戊辰戌，坤山忌乙卯。震山忌庚申，巽山忌辛酉。乾山忌壬午，兑山忌丁巳。艮山忌丙寅，离山忌巳亥。皆浑天官鬼爻。

凡造葬修方三者，年月先将太岁入中宫，吊替顺轮数之，次将月建日时吊九宫。

如遇癸巳癸亥，年月日时入中宫，则戊辰戊戌到一白，万不可修坎方，造葬坎山。

己酉年己酉月己酉日己酉时，入中宫吊乙卯，二黑到坤山，可修坤山，造葬坤山。

癸丑年癸丑月癸丑日癸丑时，入中宫吊庚申辛酉到三碧四绿，不可修葬震巽山。

辛巳年月日时，入中宫吊壬午，六白到乾，不可修葬乾山。

乙卯年月日时，入中宫吊丁巳，七赤到兑，不可修葬兑山。

癸亥年月日时，入中宫吊丙寅，八白到艮，不可修葬艮山。

乙未年月日时。入中宫吊己亥。九紫到离。不可修葬离山。

皆为八煞归宫，定主百日内大生凶祸，最宜避之。

浑天五行歌

乾金甲子外壬午，坎水戊寅外戊申。艮土丙辰外丙戌，震木庚子庚午临。巽木辛丑外辛未，离火己卯己酉寻。坤土乙未加癸丑，兑金丁巳丁亥平。

八煞黄泉图式

不惟正煞傍煞，所忌只在纳甲。同犯庚申辛酉，同乙卯，艮寅壬亥一例排。山有山煞，水有水煞，立向相兼忌之。故水双流来，右水长房受害。左水来，二房受害。前水来，三房受害。阅田地自见。

坎龙忌辰戌向，艮龙忌寅向，震龙忌申向，巽龙忌酉向，离龙忌亥向，坤龙忌卯向，兑龙忌巳向，乾龙忌午向。此系先天八卦，浑天五行之官鬼爻也。

第四层　八路四路黄泉

庚丁坤向是黄泉，坤向庚丁切莫言。巽向忌行乙丙上，乙丙须防巽水先。甲癸向中忧见艮，艮逢甲癸祸连连。辛壬乾路最宜忌，乾向辛壬祸亦然。

此煞只忌向上来水。开门放水，尤忌以坐山起例，用长生掌，数至绝墓方上消放是也。如甲山庚向，甲木长生亥，墓未，绝在坤方是也。余山放此。

此借向上以论坐山。庚向则坐甲山，丁向则坐癸山，乃金羊收癸甲之灵，是坤未之水，宜去而不宜朝。倘朝入穴前，即黄泉大煞，主少亡孤寡。专以坐山为主，不论龙左旋右旋。圣人云："生旺墓吊合，而孟仲季攸分。"言生旺二方宜来，墓库方宜去。盖宜来反去，是生养水去，则孟房败。帝旺水去，则仲房败。如当去反来，是死墓来也，则季房败。定此一局，余三局同推。

地支黄泉

卯辰巳午怕巽宫，午未申酉坤莫逢。酉戌亥子乾宫是，子丑寅卯艮遭凶。

白虎黄泉

乾甲坎癸申辰山，白虎转在丁未间。更有离壬寅兼戌，亥宫流水主忧煎。震庚亥未四山奇，水若流申却不宜。更有兑丁巳兼丑，犯著乙辰白虎欺。坤乙二宫丑莫犯，水来杀男定无疑。艮丙愁逢离上下，巽辛遇坎祸难移。

此二黄泉，专论向为主，忌开门放水。

八路黄泉式

其诀总以向上论。或水来到堂或门路，最畏忌之，主伤丁，凶祸，败家，离乡别祖之验。须要依水立向，则无此煞。如坤水来，当立坤申二向收之则吉。若立庚向，黄泉也，必凶。余局同推。

第五层　九星 以应四垣局

九星者，贪巨禄文廉武破辅弼是也。二十四山配合，须用地母卦定之。从八卦变曜，坤卦对宫起贪以配向也。

艮丙贪狼木，巽辛巨门乾甲禄存土，离壬寅戌文曲水，震庚亥未廉贞火，兑丁巳丑武曲金，坎癸申辰破军金，坤乙辅弼木土是也。

《易》曰："天垂象，见吉凶"，"在天成象，在地成形"。下映二十四山，星有美恶，故地有吉凶，所谓"天之所覆，地之所载"。是以天皇星在亥上映紫微垣，艮映天市垣，巽映太微垣，兑映少微垣，此四垣为天星之最贵者。天贵映丙，天乙映辛，南极映丁，合艮、巽、兑为六秀。又天屏映巳，为紫微垣之对宫，称帝都明堂。故亥巳合六秀，人称八贵。离居正南，为天地之中，俱吉。若诸阳龙则为下也，总以紫微、少微、天市、太微为天星四贵。四垣中紫微、天市、太微三垣，有立国建都之验，合三垣为妙。至于少微无帝座，立都不取。此以二十四位天星，配山砂水应验。又以三阳六建之龙，三阳者巽丙丁，六建者天亥、地艮、人丁、财卯、禄巽、马丙。星辰者，五吉丁，玉门巽，文笔辛，学堂丙，舍堂卯，长寿丙丁，金带庚酉辛，银带卯艮，骡富文秀巽辛。以上三吉六秀之内，阳宅大旺人丁，富贵绵远；阴地主无水蚁，发福悠久。此天星之宫位，沙水之美恶，由是而定。砂贵出人贵，砂贱出人贱。至若寻龙捕穴过峡，辨土色，求穴情。过峡是石穴亦石，红是廉贞黄巨门，皆以九星论之。

土色专看龙过峡，峡与穴情一般法

辨土色之法，务要以入首过峡处，格定罗经。如艮丙贪狼木，龙来穴土必青；辛巽巨门土，穴土必黄；乾甲禄存土，穴土亦黄；离壬寅午戌水，穴土必黑；震艮亥未廉贞火，穴土必红；兑丁武曲金，穴土色白。坎癸申辰破军金，穴土必黑白色；坤乙辅木弼土，穴土必青黄。取红黄光润为佳，干枯黑色为凶；土厚为佳，坚硬为凶，顽石亦凶。此前九星作用之功，与后列四垣九星，以应垣局二十四位天星，分野宫度一盘，相为表里。

占土色法

《催官篇》云："峡紫定知穴亦紫，红是廉贞黄巨门。"先贤《葬说》云："卜其宅兆。"卜其地之美恶，取其土色之光润，草木之茂盛，他时不为沟池城郭道路所逼，贵势所夺，则为美矣。盖地美则亡魂安而子孙盛，理故然也。故古人定穴，外看山川形势，内占土色纹理，土色美恶，务要坚实温润，如裁肪如切玉者为上，枯槁发泛为凶。金气凝者多白，水气凝者多黑，木气凝者多青，火气凝者多赤，土气多黄。或有其土如英石，如龙脑石，花羔石，碧玉石之类，皆是吉土，更要取其特异者为真耳。若满山皆常土，唯穴中得细腻之土最妙。若满山土皆与穴中土一样不变色者，亦属平平。至于开穴见生物，如龟如鱼者，天地精气所结，故其旺盛凝结如此。倘见蛇鼠虫蚁者必凶，不可误认为生气。

贪狼九星式

此地母卦用番卦掌，艮上对宫起贪狼。

凡看阴阳二宅，切不可妄伤龙体，任其宽阔自便。如有损伤，即有退财损丁，官非奇祸之验。余累试累验，毫发不爽。时师不信，请看有伤龙体之家自见。

外或水口有奇石，山有曜星，妄伤者凶祸亦然。

第六层　地盘正针

　　谓先天经盘，辨方定位立向，为罗经之始。先天地支只载有十二位，一名十二雷门，为胎骨龙。以正针论之，子午卯酉为天地四正之位，寅申巳亥为五行长生之地，辰戌丑未为五气归元之所。故后天正针运用，支支相顶。

　　地支属阴，静不动也，后天增之四维八干。四维者，乾坤艮巽。八干者，甲庚丙壬乙辛丁癸属阳，主动，以居十二支位之界缝。当气候遁代之间，所以天地间有阴不可无阳。阴支中得阳干，是不得错杂其间，则阴资阳而不至于虚，阳借阴而不至于孤，二气自有化生之妙矣。后天正针之制，不外先天十二支而变矣。地盘全为缝针中之针根，穿山透地之本，五行生旺休囚之异位，阴阳顺逆旋转之殊例。

　　自此而推，上参日躔舍过将，下察九州分野，诸妙俱备。智者熟此，后人以正针二十四山，本于文王八卦，每卦管三山。子午卯酉，居坎离震兑四正之位，为四藏卦。乾坤艮巽，居四维之地，为四显卦。四正得金木水火之正气，坎居正北，左右壬癸付之；离居正南，左右丙丁付之；震居正东，左右甲乙付之；兑居正西，左右庚辛付之。四维者，乃地支中之四库，四生附也。乾居西北，戌亥付之；坤居西南，未申付之；巽居东南，艮巳付之；艮居东北，寅丑付之。偏正兼该，显藏互用，经天纬地，无所不贯。格龙定向立穴，乘风消沙纳水，建宅安坟，阴阳选配，作用最广。其中排六甲，在八门，推五运，定六气，五行颠倒，异用无穷矣。古仙云："识得五行颠倒颠，便是人间地中仙。"

　　且又合龙玄关通窍，其用当于龙脊上先分四大水口，次以左右旋论。古圣云："乙丙交而趋戌，辛壬会而聚辰。丑牛纳庚丁之气，金羊收癸甲之灵。"论先天后天之理，详明某局水口。右旋甲卯为乙木，当配丙火出戌口，为妻与夫相配。若配庚出丑，配甲出未，配壬出辰，便为路遇之夫，犯阳差病。左旋丙午为丙火，常配乙木出戌口，为夫与妻相配。若配辛出辰，配癸出未，配丁出丑，便为路遇之妻，犯阴错病。如右旋丙午为丁火，当配庚金出丑口，为妻与夫相配。若配丙出戌，配甲出未，配壬出辰，便为路遇之夫，犯阳差病。左旋庚酉为庚金，当配丁火出丑口，为夫与妻相配。若配辛出辰，配辰出未，配乙出戌，便为路遇之妻，犯阴错病。右旋庚酉为辛金，当配壬水出辰口，为妻与夫相配。若配庚出丑，配甲出未，配丙出午，便为路遇之夫，犯阳差病。左旋壬子为壬水，当配辛金出辰口，为夫与妻相配。若配丁出丑，配癸出未，配乙出戌，便为路遇之妻，犯阴错病。右旋壬子为癸水，当配甲木出未口，为妻与夫相配。若配庚出丑，配丙出午，配壬出辰，便为路过之夫，犯阳差病。左旋甲卯为甲木，当配癸水出未口，为夫与妻相配。若配辛出辰，配丁出丑，配乙出戌，便为路遇之妻，犯阴错病。此四局以龙与坐山配，水入堂出口，慎勿忽之。又如甲乙寅卯巽五龙入首，左旋为甲木，生亥旺卯墓未；右旋为乙木，生午旺寅墓戌。丙丁巳午四龙入首，左旋为丙火，生寅旺午墓戌；右旋为丁火，生酉旺巳墓丑。庚辛申酉乾五龙入首，左旋为庚金，生巳旺酉墓丑；右旋为辛金，生子旺申墓辰。壬癸亥子坤艮辰戌丑未十龙入首，左旋为壬水，戊土，生申旺子墓辰；右旋为癸水，生卯旺亥墓未；巳土，生酉旺巳墓丑。其诀以入首水出墓库论之，立向宫位，当依纳水消砂。先贤已经详察明辨，后学慎勿任情自误。

　　正针红针，对地盘午中正南。黑针，对地盘子中正北。以八干从其禄，四维从其墓。

地盘正针式

八卦统八宫，一卦管三山，唯乾坤艮巽为四柱卦。

第七层　阴阳龙 出自先天八卦纳甲取配

乾纳甲兮坤纳乙，壬与寅戌离宫纳，坎癸申辰纳水音，此十二阳龙，合四阳卦。艮纳丙兮巽纳辛，震东纳庚于亥未，西兑纳丁巳丑金，以为十二阴龙，合四阴卦。所以二十四山，阴阳各半。阳龙用白圈，阳虚而明也；阴龙黑点，阴实而暗也。白圈十二，黑点十二，阴阳已分，取用自然。以之审龙，凡阴龙转换，节节由阴。阴龙立阴向，收阴水则吉，杂阳则凶。阳龙转换，节节由阳。到头立阳向，收阳水则吉，杂阴则凶。审龙则贵贱自分，阳龙不贵，阴龙最贵。

阴龙取三吉六秀，映在天星四垣之中，有九六冲和之义，审龙纳水，所以三吉六秀，尽在阴龙之内。震庚亥为三吉，艮丙巽辛兑丁为六秀。来龙坐穴，皆为大贵之地为上，诸阳龙为下。赖公云："又不可执一以论之。只要来龙秀美，取其龙真穴的，亦出富贵。"此以静阴静阳格龙，论二十四龙之大略，取节数之多寡；论向消水，水路之去来大小。倘执一不通，昧剪裁之妙，而大地奇局，必当面失之矣。

而八卦中变爻，亦由此变。如乾为天父卦，即乾三连，从上一变为兑上缺，再变兑之中爻为震仰盂，三变震之下爻为坤六断，四变坤之中爻为坎中满，五变坎之上爻为巽下断，六变巽之中爻为艮覆碗，七变艮之下爻为离中虚，八变离之中爻为乾三连，复归本卦。余七卦皆如此变。

其诀从变卦起贪狼，乾龙从兑、贪、震、巨、坤、禄、坎、文、巽、廉、艮、武、离、破、乾、辅，坤龙从艮、贪、巽、巨、乾、禄、离、文、震、廉、兑、武、坎、破、坤、辅，此以龙上取三吉六秀法也。水法从向上起辅、武、破、廉、贪、巨、禄、文。若乙向坤、辅、坎、武、兑、破、震、廉、离、贪、乾、巨、巽、禄、艮、文之类。辅武贪巨为四吉，避破、廉、禄、文，为四凶。

前以九星言。四垣中为天星最贵，天贵映丙，天乙映辛，南极映丁，天屏映己，为紫微垣之对宫，称帝座明堂，故亥巳合六秀称八贵。离居正南为天地之中，离纳壬而诸星皆拱护于壬，故近帝垣，亦为至贵。震纳庚应廉贞，昔人谓之夺武之地，合震庚亥为三吉。坎纳癸居正北，外辰戌丑未，及诸阳龙皆下也。阴龙发福久，阳龙发福渐，然亦不可拘论。若阳龙得局真，亦能发福久。

盖阴有六秀，阳亦有六秀。如乾卦上爻，一变为兑；坎卦上爻，一变为巽；离卦上爻，一变为震；坤卦上爻，一变为艮。八卦中除震属三吉，乾坤坎俱是六秀也。八卦一卦三山，以脉为主，从变曜对宫，番得贪巨武。阳卦六秀属阴，阴卦六秀三阳，所以阴用阳朝、阳用阴应之准言三吉，亥震庚向，诚以天星所推。

亥应北极紫微垣，为一盘生物之主，收一盘生物之功。故甲子不始于子而终于亥，亥癸不终于乾而终于亥，为天帝司至成之具，二十四山之首吉也。震为阳君升殿，乃日之门户，职主司生。《易》曰"帝出乎震"，擅造化之权，实生气之所从出，故以为吉。庚为阴后坐墀，乃月之门户，职主司成。《经》曰"后庚三日"，有配阳君之德，实耗气之所由，故以为吉。震庚二者，乃天帝之喉舌，代天帝之分司，如宰相之出纳王命。得此三龙，主宰辅元勋之贵，其次亦六卿之职。

言六秀艮、丙、巽、辛、兑、丁向为秀者，龙以冲合为美，星以得配为佳，此六位上映天星。如艮合天市垣，丙以太微配之；巽得太乙之位，辛以少微配之；兑为少微紫府，丁以南极配之。上合天星精英，诞于天门，故德其秀也。若得六龙贵气，形合上格，主出三公六卿之贵，其次必出超群冠世之英。以六位所纳，依八卦推分，得阴阳冲和之美，夫妇配合之义。如艮巽兑三卦，除中爻为体；上下二爻，皆一阳一阴相配之义，故所纳之于合六秀。若乾坤坎离四卦，除中爻为体；上下二爻，实孤阳虚阴配合之义，故不在三吉六秀之列。而震卦上下，皆有冲和，故震、庚、亥三龙亦为三吉。

看地点穴歌

阴阳二字最难明，谁辨其中造化精。阴乳恰似男子样，阳窝遍如女人形。是男阴乳休伤首，是女阳窝莫破唇。土宿罗纹来镇穴，天机到此合乾坤。

生气以龙为主，龙以入首一节为领。堂气以水为要，水以出面应穴为源头。消纳公位，看左右前后，净阴净阳之水，破局合局，以验生克。

十二阴阳龙式

合建盘则有白圈黑点，为金字盘。徽州盘则无白圈黑点，载有十二红字，为墨字盘。

第八层　正五行 论龙所属

亥壬子癸北方水，寅甲卯乙巽木东。巳丙丁午南方火，申庚酉辛乾西金。辰戌丑未坤艮土，此是五行老祖宗。

夫正五行，阴阳之纲领，造化之权衡。亘古迄今，旋乾转坤之哲士，运筹两大之英雄，知往知来，知机知变，拨砂放水，辨方立向，未有舍此五行而运用者也。

一曰五行，二曰五事，三曰八正，四曰五纪，五曰皇极，六曰三德，七曰稽疑，八曰庶征，九曰五福，十曰六极。

东木主仁，西金主义，北水主智，南火主礼，中土主信。所以二十四山中，水火各居其四山，金木各居其五山，唯土居其六。土镇中央为尊，故万物土中生，而罗经总统三十余层，不能舍此五行而他用者也。

又从河图龙马献瑞，化天干地支之本源也。天一生壬水，地六癸成之；地二生丁火，天七丙成之；天三甲生木，地八乙成之；地四生辛金，天九庚成之；天五生戊土，地十己成之，此谓十干也。一六在下，而生亥子水；二七在上，而生巳午火；三八在左，而生寅卯木；四九在右，而生申酉金；五十在中，而生辰戌丑未土，此所谓十二支也。

圣人因八卦以推天时，用地支以配天干。盖以天一生水，而坎者水之位也，故子居正北。癸得地九之阴，水之柔也，故癸次于子。水不止则流而不返，必土以止之，方能生物，丑则土之柔也，故丑次于癸。艮为山，土之刚也，艮次于丑，而居东北，此以代震之施生也。土合而化气，将以生木，寅为杂木，故寅次于艮。甲得天之三阳，木之刚也，故甲次于寅。震者木之位也，卯居于正东。乙得地八之阴，木之柔也，故乙次于卯。木非土无以盛，辰者土之正气也，故辰次于乙。木者阳之杂也，木非旺则不能生火，故巽为旺木，而次于辰。旺极必资生，所以火生也，巳为火之初气，故巳次于巽。丙得天七之火，阳之刚也，故丙次于巳。离者火之位也，午居于正南。丁得地二之阴，火之柔也，故丁次于午。火旺必有止，将以生土也，故未次于丁。坤者土之体，土之正气也，故坤次于未。土旺必生金，申者金之初气也，故申次于坤。庚得天九之阳，金之刚也，故庚次于申。兑者金之位也，故酉居正西。辛得地四之阴，金之柔也，故次于酉。金非土无以成，戌者土之正气也，故戌次于辛。金者阴之杂也，金不盛不能化，故乾为旺金，而次于戌。极旺而化成，所以生水也，亥为水之初气，故亥次于乾。壬得天一之阳，水之刚也，故壬次于亥。于是二十四位，有定局矣。

余尝读《易》，而知天地之旋转，星次躔度不差。此谓"乾遇巽而观月窟，坤逢震以见天根"。此可见阳生于午，阴生于子半，阴阳得令，而四时行，百物生，朗著矣。

且北方之气刚，而有肃杀之象；南方之气柔，而有和缓之情。故南方之地，以窝钳突乳为凭；北方之势，以高厚凸阜为准。

正五行式

此地理家，论山克亡命，忌纳音正是。

正五行出河图，一六在下，而生亥子水。天一生壬水，地六癸成之；天一生坎水，地六乾成之。彼此一局。余三局同推。

论入首龙拨宫。

第九层　劫煞取用

巽未申山癸劫藏，辛戌居丑庚马乡。震艮逢丁甲见丙，壬猴乾兔丙辛方。坎癸逢蛇巳午鸡，丁酉逢寅坤亥乙。龙虎遇羊乙猴劫，犀牛龙位永不立。

劫煞总以坐山论消纳，向山无关，只忌一山。如立巽未申三山癸方，有砂高耸，破碎歪斜，恶石巉岩，最凶，宜忌。若体正峰圆，亦不忌。余仿此，愿共识之。

劫煞盘式

此金字盘所载，诸书未录，时师不知甚多。余得吾师口传，不忍私秘，隐害后世，故书于此，以与后学共识。

金盘载有，徽盘未录。

第十层　穿山七十二龙

昔人用七十二龙穿山，六十龙透地。穿山者，穿定来龙属何甲子，名曰地纪，专论来龙。于峡中定盘针，无峡在入首主星后，来龙起伏束咽处，分水脊上定针盘。看何龙，用纳音，以断生克。

如子龙水内有五子，得丙子水龙，庚子土龙，俱为旺气。甲子金龙为败气，戊子火龙为死气，壬子木龙为生气之类。必定其来脉，从何方来龙，属何干支，当以先贤传授，七十二龙，有吉凶之别。总以地盘中，每支之下，有五子龙，系六十甲子，为十二地支之数。地盘地支，共六十甲子，四维八干十二位。每干维之下，内载十二红正字，凑成七十二龙穿山之用也。内避差错空亡、孤虚遁甲，不得相侵为妙。又必要趋旺相生气，一脉贯注，至结穴处为佳。

至于七十二龙，分孤虚煞曜旺相，皆从八卦纳甲、九六冲合、八干内而出。若遇甲壬为阳而孤，乃出于乾卦之纳甲，以六爻属阳，除中一爻，上下二爻孤阳，为二男子，无女子相配故也。若遇乙癸为虚，出于坤卦纳甲，以六爻纯阴，中虚无阳媾，是二女子，无男子纳配故也。若过丙庚为阳，而旺出于艮震之纳甲，二卦六爻，内除中爻，上下一阳爻，媾一阴爻，为阴阳冲合而旺也。若遇丁辛为阴，而相出于巽兑之纳甲，以二卦六爻，内除中爻，上下坐一阴爻，媾一阳爻，为阴阳冲合，阳而相也。若遇戊己，为遁甲空亡，坚硬而气不入也。出于坎离之纳甲，除中爻为卦体，上下俱纯一不交，故为遁甲空亡，用之最宜避。

甲乙为孤也。如甲子一旬至乙亥，此十二龙中冷气脉，取丙丁为旺。以丙子一旬至丁亥，此乃十二龙中正气脉，避戊己为煞曜。以戊子一旬至己亥，此乃十二龙中败气脉，庚辛为相。以庚子一旬至辛亥，此乃十二龙中相气脉，壬癸为虚。壬子一旬至癸亥，此乃十二龙中退气脉。此谓旺相者，实得先天艮震巽兑四卦，居四隅养生之地而成卦。则四卦六爻，为阴阳冲合，多配丙丁庚辛为旺相也。

若遇先天，乾坤坎离，居四正虚伪之间，则四卦六爻，纯一不交，又配甲乙壬癸戊己，是为遁甲煞曜，谓之九六不冲合，必主人财耗散败绝，凡取用宜详细之。至于丙龙来脉，必依丙龙气直穿，前对壬午架线，上对下结穴处，方为准的。地支寅龙来脉，当依丙子一旬，数至寅支，系戊寅气穿山为旺气。又或壬寅龙来脉入首，系庚子一旬，数至寅支为相气脉。

　　余得吾师心授，登山行龙，审气入穴，全凭以七十二龙为主。凡验人已往之祸福，将来之吉凶，在于主星处一览，毫发不爽。后学欲知此验，务知某龙气系甲子一旬为孤气，下穴必主败绝。知某龙系丙子一旬是为旺气，下穴必主富贵。举此二旬，余旬莫不皆然。

　　七十二龙，合六十四卦，皆从八卦初爻变起，浑天纳甲定发福年命。从下爻起变，由初爻上而二而三而四而五，第六爻不变，返下而变四爻，为游魂卦；又复下将内卦三爻一齐尽变，归还本卦，为归魂卦。地理家用之，以入首一节龙为本卦，看前后左右生旺之砂，以定发福年。

穿山七十二龙式

命如坎卦，初爻一变，飞出为兑，逢丁干；二爻飞出为震，逢庚干，皆发福。三爻为离，逢己壬干，较庚丁力重，与本卦戊癸力均。第四爻飞出游魂坤卦，乙干力轻，甲、辛、丙三干年命不发福，以坎卦无乾巽艮三卦，谓出卦无官职。要知深义，详看《铅弹子》，著有六十四卦。

第十一层　穿山本卦 合《周易》为天统

或问内卦、本卦、外卦三盘卦例，亦理气之一端也。以六十甲子，透地配坎为水卦；一百二十分金甲子，配山雷颐卦；以穿山七十二龙甲子，配水地比卦。配卦当以透地为内卦，穿山为本卦，分金为外卦。此三卦一曰《连山》，夏得人统，《易》以艮为首，艮为山，连连不绝也。二曰《归藏》，殷得地统，《易》以坤为首，坤为地，言万物归藏乎中也。三曰《周易》，周得天统，《易》以乾为首，言天道变化运行不穷也。此三卦至精至微，非时术明师，不能究其蕴。余得吾师心传，颇知一二，愿与天下共识，故书于此。

盖三《易》乃六十龙分配，取用得宜，所主天地气运，谓之地脉。气行于地，形丽于天，所以天之生气，皆付卦爻，通乎律吕，气感而应。专论选择，取卦爻浑天补助来龙坐穴，则为万全，皆系天星地曜主之也。而地理之学，有专用峦头，有专用天星，分门别户，各自为用。殊不知峦头为体，天星为用，是体用相为表里者也。

天分星宿，布列山川；气行于地，形丽于天，言地乘天之气而行也。李淳风言天体，东南西北，径三十五万七千里，每一方八万九千二百五十里；自地而上，共八万四千里，故曰"立向有毫厘之差，必至千里之谬"。

《经》曰："地有四势，气从八方。"四势者，寅申巳亥也。此为五行初生之地，故寅为东方之始，巳为南方之始，申为西方之始，亥为北方之始。四生之气，行为地而运于天。在天者论时，在地者论形，即时以观形，因形以验气。故气有衰旺，气有盈虚，四势之山，生八方之龙。四势为五行化生之始，八方为五气来止之踪，故理气穿山，必得峦头乘其生气入穴，则福自归矣。

合穿山卦周易天统式

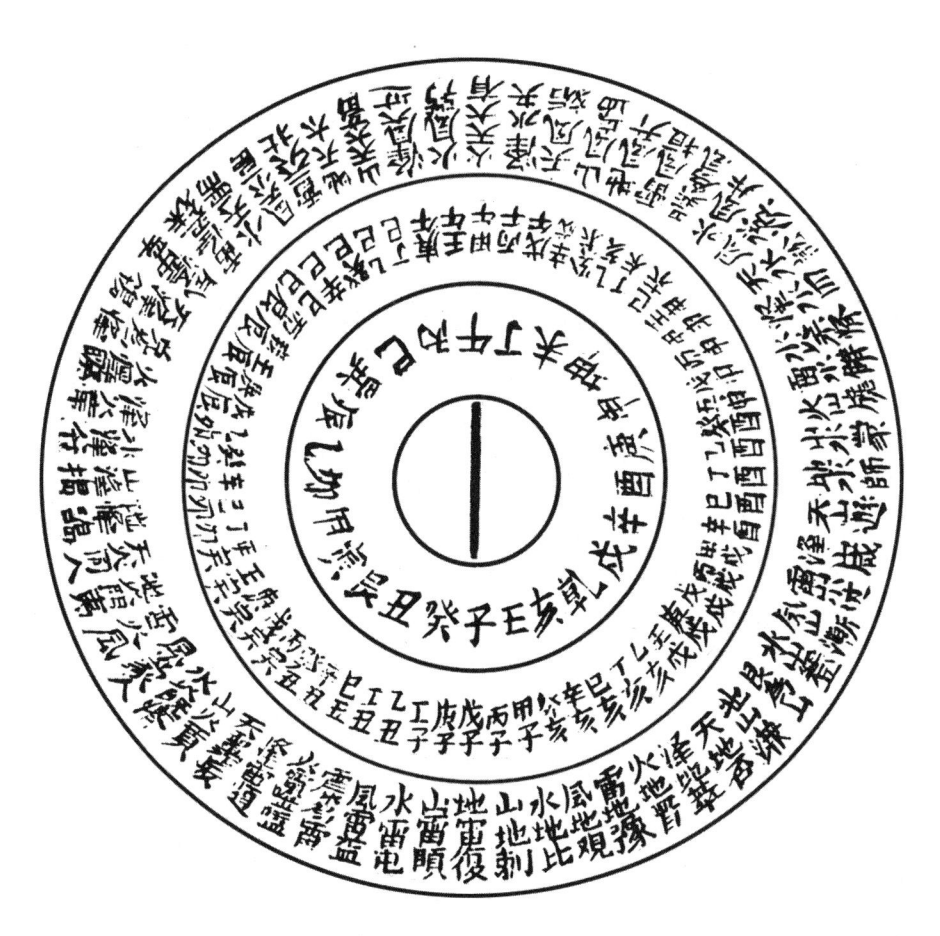

以上六十卦，合七十二龙参合。每岁七十二候，一卦管六日。

第十二层　中针人盘

中针二十四山，即人盘也，较之地盘，少有参差，为天道健，地道顺，人道平之理。先有天地后有人，故人盘居天地盘之中。此以子午进一位，子午居天盘壬子丙子之缝，故为缝针。子午居地盘之正，故为正针。人盘居子癸午丁之中，故曰"中针"。昔先圣造此三才，用之广也。法以人盘上关天星躔度，气运进退；下关山川分野，地脉臧否，故人盘为天地二盘作用之主宰。即人为万物之灵，成天地而成三才也。人力胜天，故有人盘，而合用天地，是完全之功也。

昔太素先师，审龙以为消砂作用也。杨公以之纳水，正合司马头陀水法。放去黄泉，谓之出煞，名曰"贵人禄马上御街"。歌曰："贵人三合连珠水，隔八相生烂了钱。其贵贪狼并禄马，三合连珠贵无价。辛入乾宫百万庄，癸归艮位发文章。乙向巽流清富贵，丁从坤去万斯箱。"正合此人盘。

太素《消砂要诀》："砂虽在地，关实在天。何以见之？圣人云：'为政以德，譬如北辰，居其所而众星拱之。'辰在斗内，斗有九星，居中建极，以运四方。二十八宿，周天经星，布列于外，环拱北辰。堪舆之法，穴场者北辰也，龙神者九星也，砂水者二十八宿也。"杨筠松则用九星看龙神，赖太素用二十八宿看砂水，所谓"在天"者，正在此耳。

昔廖公以及杨、赖二公拨砂一法，历来秘而不传，务口传心授。授若轻泄，必遭天谴，故其法至今不敢泄露。然圣人云："道理不可埋没，如其隐秘，后世何以得其传哉！"夫圣人尤虑失传，而余岂敢再秘哉！余是以甘愿遭谴，将杨赖二公拨砂之旨，注解详明，以为天下后世同学望，以救世人耳。

《砂法歌》云"乾坤艮巽是木乡"，此一句属二十八宿，属七政五行也。四星属木，乾为奎木狼，坤名井木犴，艮为斗木獬，巽为角木蛟，消砂当以木论之也。寅申巳亥，水神当宿之。言水者，言寅名箕水豹，申名参水猿，巳名轸水蚓，亥名壁水貐，消砂当以水论之也。甲庚丙壬，真是火宿之。言火者，言甲名尾火虎，庚名觜火猴，丙名翼火蛇，壬名室火猪，消砂当以火论之也。子午卯酉，火依相宿之。亦言火者，言子为虚日鼠危日燕，午为星日马张月鹿，卯为房日兔心月狐，酉为卯日鸡毕月乌。日月何以言火？盖日为君火，月为相火。子午卯酉居四正之地，取日月同宫，故双星配之，余山一宿配之也。辰戌丑未金为局，言四山皆金。辰为亢金龙，戌名娄金豹，丑名牛金牛，未为鬼金羊，消砂当以金论之也。乙辛丁癸土相伤，言四山皆属土。乙名氐土貉，辛名胃土雉，丁名柳土獐，癸名女土蝠，消砂当以土论。砂数别来有五种，煞泄奴兮生与旺。生我食神居两榜，比和人财发科场。我克是财为储奴，克我七煞最难当。泄我文章穷到底，女边功名奸又强。

其法当以坐山为主。如坐乾山，则属木荐；见巽艮坤砂，即"比肩人财发科场"；丑未辰戌宫有山，是"克我七煞最难当"。若见甲庚丙壬子午卯酉山，即"泄我文章穷到底"；乙辛丁癸山，即"我克是财为储奴"；寅申巳亥砂，"生我食神居两榜"。余山仿此。学者详览明辨，登山自知其妙。其诀看左右前后之砂，务要面对宫位砂，近应生人速，远应生人迟。张九仪云："砂若离火三两丈，流年即到产英豪。"又云："第一要识前面砂，定人祸福毫不差。"

此法非余私议，另立门户，实出于《铅弹子》。学者详三卷中《分房分宫位吉凶之砂》，自效如神。阅四卷《考龙上九星入宫》，定祸福贫贱之验。阅五卷《旧地发福》，论砂水公位，百无一失。阅一二卷中《论水法》，破局合局，避黄泉煞曜，自然了然胸中矣。

认砂篇

形貌之妍媸，必肖山川之美恶，故嵩岳生孔丘，字仲尼。吴景鸾曰："福寿之地，人多福寿。秀颖之地，人多轻清。湿下之地，人多重浊。高亢之地，人多狂躁。散乱之地，人多游荡。尖恶之地，人多杀伤。顽硬之地，人多执拗。平夷之地，人多忠信。"杨筠松曰："山肥人饱，山瘦人饥。山消人美，山浊人媸。山完人喜，山破人悲。山归人聚，山走人离。

山伸人寿，山缩人低。山明人达，山暗人迷。山向人顺，山背人欺。"司马头陀云："以端方而知其忠，以倾侧而知其佞。柔乱知淫，卑劣知贱。粗猛知恶，瘦薄知贪。粹美知慈，威武知断。分穷源大江，而知出身之远近；观外城内局，知力量之弘隘。况其出脉有偏正，卓展有大小。"所谓"砂管人丁，人丁相乎其砂"者，正人盘收砂之谓耳，且"砂不抬头砂不力，水不弯环水无情。外砂不及内砂力，外水不及内水亲"。

赖公拨砂歌

消砂别来有五种，奴旺煞分泄与生。彼来克我为七煞，我生彼也是泄名。旺神即是我见我，彼来生我号食神。食发科甲人丁诞，旺司财禄多子孙。生不正向只及旺，两旺高明过一生。煞见则祸绝，泄气渐消伶。我克奴砂为财帛，居官得禄又和平。大地由来多带煞，两间公位从不匀。龙气盛旺煞无力，闪脉脱脉煞最灵。龙弱砂强泄旺秀，女嫁豪门坦腹英。为生为旺贵在内，旺秀兼泄在外门。此为赖公真口诀，惟有挨星法最灵。

消砂玄妙

乾坤艮巽是木乡，寅申巳亥水神当。
甲庚丙壬真是火，子午卯酉火依厢。
辰戌丑未金为局，乙丑丁癸上相伤。
生我食神居两榜，比和人财发科场。
我克是财为储奴，克我七煞最难当。
泄我文章穷到底，文边功名好又强。

备言天体，则有七政以司元化，日月五星是也。有四垣以镇四方，紫微天市太微少微是也。有二十八宿，以分布周天：苍龙七宿，角亢氐房心尾箕；朱雀七宿，井鬼柳星张翼轸；白虎七宿，奎娄胃昴毕觜参；玄武七宿，斗牛女虚危室壁是也。四垣即四象也，七政即阴阳消砂。五行之根，其枢在北斗，而分四方为二十八宿。故房虚昴星应日，心危毕张应月，角斗奎井应岁星，尾室觜翼应荧惑，亢牛娄鬼应太白，箕壁参轸应辰，氐柳女胃应镇星。象悬于天，光照于地，所以砂虽在地，关实在天。非经无以立极，非纬无以嬗化；一经一纬，真阴真阳之交道也。

分房宫位

一子满盘皆他管，二子左边长房临。前后右边背是小，此处偏枯已不匀。三子分公位，朝坐二房轮。六子排来三六右，四在孟前次第分。二房朝与案，五子主星平。此从房分挨次立，变换详砂难泥论。

六子宫位是青龙，从后过去，则长房之砂。从案山过来，则四房之砂。白虎从后过去，则三房之砂。从案山过来，则六房之砂。总看砂势亲何宫位，即吊入也。如此值宫位，无砂即绝。如子山午向，艮寅甲为内青龙，长管；卯乙辰为外青龙，四管；乾戌辛为内白虎，三管；酉庚申为外白虎，六管。

左空兮长先绝，右空兮三零丁。朝坐空旷，二五难兴。一主一案，三长飘零。又有青龙平而直，朝山挨方最娉婷。长房寂寂渐消磨，四子蒸蒸万里程。如龙全没朝偏右，吊入长房作龙星。朝山空远龙趋案，次子亦吊作朝屏。三男与仲相吊法，吉凶祸福依此行。此为赖公真秘诀，父子虽亲不肯说。后人知得消砂法，横行天下陆地仙。

中针人盘式

正合日月五星,谓之七政。左砂属一四七房,前砂属二五八房,右砂属三六九房。一子满盘皆他管,二十八宿从右旋。逆行而转,合《统天历》。

第十三层　透地六十龙

盖平分六十龙透地，名曰"天纪"。起甲子于正针，亥未属乾宿。后天之乾，即系先天之艮。艮为山，此故亦谓之"穿山"也。平分六十龙，起甲子。正针之壬，初属坎。后天之坎，即系先天之坤。坤为地，此乃谓之"透地"。

不言"穿"而言"透"者，以"透"乃"通透"之"透"，如管吹灰，气由窍出，此可得"透"之说。不言"山"而言"地"者，谓五气行乎地中，发生万物，地有吉气，土随而起，可见形之见于地上，皆由五行之气透于地中。气雄则地随之而高耸，气弱则地随之而平伏；气清则地随之而秀美，气浊则地随之而凶恶，此可以得地之说也。

不言"虎"而言"龙"者，盖龙有气无形，变化莫测，无非论龙透于穴中，变化无端，可以识六十龙透地之妙，可以得而名之也。而作用之功，葬乘生气，必先定其来龙。其法于来脉入首穴星后分水脊上定盘针，定来脉入首。

如六十龙辛亥纳音属金，从右来，以左耳乘气，则穴宜坐乾向巽，干透得丁亥气属土，正乾龙坐穴，土生辛亥金，是穴生来龙，其家发福。透得乙亥，七亥三乾。火音坐穴，克辛亥金，是来龙穴克山，其家少禄。透得己亥气，五乾五亥是煞曜，名曰火坑，主子孙多出痨疾吐血，损妻克子，水蚁食棺之验。

先圣云："二十四山颠颠倒，二十四山有珠宝。二十四山顺逆行，二十四山有火坑"，且言"到头差一指，如隔离重山"，可见穿山透地，各自为用。七十二龙，只论来龙定山岗，则在分水脊上定盘针。穴后八尺峦头，用六十龙透地盘，穿山则不必用矣。

六十龙审气入穴，一龙有五子气，当寻旺气。丙子庚子二旬之龙，则有二十四位珠宝，为全吉。又要避空虚煞曜、差错空亡。如甲子、壬子及戊子三旬中之龙，三十六穴为差错，关煞为全凶。

又要浑天度，不可克分金，分金不可克坐穴，坐穴不可克透地，透地不可克来龙。克宜顺克，以下克上吉；生宜逆生，以下生上吉。可见透地作用，最宜细心，慎勿轻忽。

经盘内载有正字二十四位，合二十四山正气脉；入首为珠宝，载有十二个五字，为火坑。二十四位三七龙，为差错空亡。

世人尽知穴在山，不知方寸穴一线。

验新旧坟断

一个山头葬十坟，一坟富贵九坟贫。
同山同向同朝水，更有同堆共井茔。
一边光荣生富贵，一棺泥水绝人丁。
穴坐火坑招泥水，金牛坐穴起紫藤。
时师若能知此理，打破阴阳玄妙精。

精微玄机

八尺峦头要识真，中间脊水两边分。
看他生气归何处，十字当中正立身。
更观两边无强弱，定八方可下罗针。
珠宝火坑安排定，富贵贫贱验如神。
二十四山颠颠倒，二十四山有珠宝。
有人坐了此一穴，荣华富贵此中讨。
二十四山倒倒颠，二十四山有火坑。
有人坐了此一穴，家业退败绝人丁。
只因不识峦头气，火坑将来作珠宝。
有人知道其中妙，能救世间贫穷人。
立在峦头寻正气，金牛坐穴起紫藤。

杨公五气论

甲子一旬至乙亥，此乃杨公冷气脉为孤。
丙子一旬至丁亥，此乃杨公正气脉为旺。
戊子一旬至己亥，此乃杨公败气脉为煞。
庚子一旬至辛亥，此乃杨公旺气脉为相。
壬子一旬至癸亥，此乃杨公退气脉为虚。

六十龙透地 即五子气吉凶秘诀

甲子气，七壬三亥为小错。甲子冲棺，出黄肿疯跛瘫癫，女哑男痨。若见丙上水，棺内有泥浆，口舌官非。巳酉丑年应。

丙子气，正壬龙，大吉昌，添人进口置田庄。富贵双全定有应，诸事尤吉祥。若见未坤水，棺椁是内外小塘。甲子辰巳酉丑年应。

戊子气，五子五壬是火坑，出人风流败人伦。不惟木根穿棺内，白蚁依此生。若见巽方水，其内泥水二三分。寅午戌申子辰年应。

庚子气，正子龙，富贵双全福攸隆。人财六畜盛，申子辰年丰。若见巽方水，棺内泥难容。

壬子气，七子三癸是羊刃。出人少亡招贼侵，损妻克子多祸事。申子辰年应。又见庚辛水，棺内作撑船。

乙丑气，七癸三子旺人丁，食足衣丰富贵亨。倘见午丁水，棺内滥泥五寸深。巳酉丑年应。

丁卯气，正癸龙，出人聪明又玲珑。富贵悠长久，诸事乐时雍。若见未方水，棺内若塘中。申子辰年应。

己丑气，五丑五癸是黑风。女妖男痨百事凶，疯疾最可惨，败绝实可痛。又见亥方水，井有水蚁虫。寅午戌年应，水因火坑中。

辛丑气，正丑龙，三十富贵大兴隆。人丁大旺诸事吉，慈恭孝友迈凡庸。若见寅上水，棺入泥浆中。

癸丑气，七丑三艮犯孤虚。葬后官灾实可必，诸事不称意，众房皆不遂。口舌退财多败绝，亥卯未年期。又见乾方木，根穿棺，定不疑。

丙寅气，七艮三丑穴平常，纵然发福不久长。寅午戌年应，诸事皆吉祥。若见亥方水，棺烂入泥浆。

戊寅气，正艮龙，富贵荣华世代隆。甲子辰年登科应，只怕卯水冲棺定有凶。

庚寅气，五艮五寅是孤虚，火坑黑风空亡的。葬后三六九年疯疾见，人伦败绝最堪啼。又见申方水井，内有水泥。

壬寅气，正寅龙，富贵人财丰。田业广置多福泽，巳酉丑年逢。倘见午方水，棺在水泥中。

甲寅气，七寅三甲主平稳。一代兴发好，后世多眼病。若见坤方水，棺中白蚁烹。

丁卯气，七甲三寅人平常，酒色飘流懒惰扬。寅午戌年应，忌亥方水，多泥浆。

己卯气，正甲龙，人财两发衣食丰。若见巽方水，老鼠穿棺中。申子辰年应不爽，人子哀亲莫糊胸。

辛卯气，五辛五卯是黑风，火坑败绝出盗翁。三房先绝后及众，官灾叠见事多凶。若见庚申水来现，滥泥一尺入棺中。此坟若还不改移，人财两败永无踪。

癸卯气，正卯龙，富贵双全出人聪。田庄广进多美境，人安物阜百事通。若见巳方水，木根穿棺定不容。巳酉丑年应。

乙卯气，三乙七卯，孤寡败绝多寿夭。后代腰驼并曲脚，纵然有人亦难保。又见戌方水，井内泥水养鱼好。

戊辰气，七乙三卯，富贵寿长把名标。倘见申酉水，棺内有虫蚁。巳酉丑年应。

庚辰气，正乙龙，出入发福永不穷。七代富贵出人秀，超群冠世雄。亥卯未年见，只怕丁水主火凶。

壬辰气，五辰五乙是黑风，火坑败绝最足痛。口舌官非少亡惨，离乡和尚永别踪。若见戌方水，棺内泥若浓。

甲辰气，正辰龙，七十五年富贵丰。若见子癸水，井内泥水攻。

丙辰气，七辰三巽，主外发福。衣食平稳，招赘入房。后代人败绝，申子辰年应。若见寅申水，木根穿棺，亡人不安。

己巳气，七巽三辰，富贵均平，亥卯未年应。若见乾上水，尸骨入泥坑。

癸巳气，五巳五巽是黑风，火坑败绝百事凶。葬后五年并七载，老丁六畜散若风。又见丑方水，老鼠棺内作窠攻。

乙巳气，正巳龙，荣华富贵福最隆。寅午戌年应有验，癸水来冲棺泥封。

丁巳气，七巳三丙，三年七载口舌并。若见卯木来，棺木内外水泥侵。

辛巳气，正巽龙，富贵荣华定光宗。巳酉丑年应不爽，只怕午丁水来冲。

庚午气，七丙三巳，人兴财旺有其目，世代进田多吉庆。申子辰寅午戌年俟。忌见甲寅水，泥水损丁字。

壬午气，正丙龙，富贵双全出英雄。三十七代人丁旺，景星庆云授诰封。忌见申方水，井内泥浆凶。

甲午气，五丙五午是火坑，巳酉丑年家败倾。又见午丁水，棺木底烂崩。

丙午气，正午龙，家业平平发人聪。谋事稳妥诸班吉，申子辰年巳丑逢。若见丑艮水，泥水入棺中。

戊午气，七午三丁，官讼口舌纷。人丁平常过，岁招横事临。若见子癸水，寅午戌年应。

辛未气，七丁三午，出人俊秀性不鲁。户发如雷响，粟陈贯朽库。若见午方水，棺内木穿出。

癸未气，正丁龙，出人富贵寿不穷。若见庚方水，亡人灾厄凶。亥卯未年应。

乙未气，五丁五未犯孤虚，火坑败绝最堪啼。又见巳水来，尸骨已成泥。巳酉丑年应。

丁未气，正未龙，双全富贵长久逢。申子辰年应不爽，寅午戌岁定遭凶。倘见丑艮水，棺在水泥中。

己未气，七未三坤犯孤虚，殃祸退财定不移。寅午戌年出疯迷，己恶人见疑。若见亥壬水，儿孙横事必。

壬申气，七坤三未破家财，疯涎消索实可哀。已酉丑年应，诸药难调灾。若见午方水，棺内水洋来。

甲申气，正坤龙，出人聪俊富贵丰。申子辰年必有兆，世代乐无穷。若见艮流水，棺内两分凶。

丙申气，五申五坤是黑风，火坑败绝主贫穷。若见子癸水，井内泥水凶。

戊申气，正申龙，出人聪明寿长，富贵双全。若见甲方水，棺内有泥水。

庚申气，七申三庚犯孤虚，寡灾事出奇。又见乾方水，亡人受灾逼。

癸酉气，七庚三申富贵扬，人财两发福寿长。若见丁方水，棺内是小塘。

丁酉气，五寅五酉是火坑，百事不遂绝人丁。若见癸土水，棺内泥水永。

乙酉气，正庚龙，出人富贵最聪明。若见辰宫水，棺内水泥坑。

己酉气，正酉龙，文武近三公。申子辰年应，世代富贵丰。若见卯方水，棺板不全空。

辛酉气，七酉三辛富贵悠，人丁血财旺无忧。亥卯未年应，乾水冲棺又堪愁。

甲戌气，七辛三酉，一代富贵发不久。后出僧庙道，寅午戌年有。孤寡又败绝，诸事叠见尤。若见壬方水，墓生奇怪丑。

丙戌气，正辛龙，人丁发达乐时雍。登科及第早，申子辰年逢。若见甲卯水，木根穿棺中。

戊戌气，五戌五辛犯孤虚，火坑败绝人多疾。和尚少亡孤寡惨，损妻克子定无疑。午未年前见，方知受害奇。若见申方水，棺木不全的。

庚戌气，正戌龙，富贵荣华衣食丰。巳酉丑年多见喜，三十六年出人聪。若见午丁水，棺骨入泥中。

壬戌气，七戌并三乾，出人无财损少年。离乡僧与道，损妻克子二房占。申子辰年应，败退无其算。若见辰戌水，棺内泥水灌。

乙亥气，七乾并三戌，出人孀寡少亡孤。疯疾瘖哑实可惨，寅午戌年叠见哭。倘见坟宫水，棺内白蚁屋。

丁亥气，正乾龙，富贵大发衣食丰。申子辰年多吉庆，只怕巽水冲宫水泥凶。

辛亥气，正亥龙，人财两发福悠隆。若见午丁水，棺板不全凶。

己亥气，五乾五亥并黑风，火坑主绝败。申子辰年寅午戌，人走他乡多奇怪。若见庚酉水，木根穿棺害。

癸亥气，七亥孟三壬，出官享丰亨。人丁昌炽多美境，申子辰年应。又见辰方水，棺内不洁净。

二十四山火坑神断

戊子甲午气难当，阴差阳错是空亡。
忽听师人真口诀，立宅安坟见损伤。
申子辰午寅戌戌，疾病官灾损二房。
军贼牵连房房占，泥水入墓不非常。
己丑乙未气凶强，其中火坑最不良。
巳酉丑年亥卯未，疾病官灾退田庄。
白蚁先从底下入，损妻克子在三房。
此坟若还不敢移，儿孙恰似瓦上霜。
庚寅丙申气不良，立宅安坟损长房。
申子辰年寅午戌，损妻克子最难当。
疾病官灾房房占，水火牵连损幼房。
白蚁先从底下入，田地退败守空房。
辛卯丁酉不为强，立宅安坟损二房。
亥卯未年巳酉丑，疾病官灾损三房。

水火牵连多横事，因亲连果房房当。
壬辰癸巳气如枪，立宅安坟损三房。
申子辰年寅午戌，疾病官灾损小房。
后代儿孙多僧道，损妻克子不安康。
戊戌己亥是空亡，立宅安坟损长房。
巳酉丑年亥卯未，疾病官灾损小房。
水火牵连出外死，田地人财如雪霜。
白蚁先从底下入，儿孙忤逆走他乡。

先圣云："坐下无有真气脉，前面空叠万重山"，"坐下十分龙，纵少前砂亦富贵"，正此耳。

夫丙子、庚子者二旬为珠宝，谓之"葬乘生气，得山川之灵"，盖罗经三十六层之首吉也。

透地六十龙式

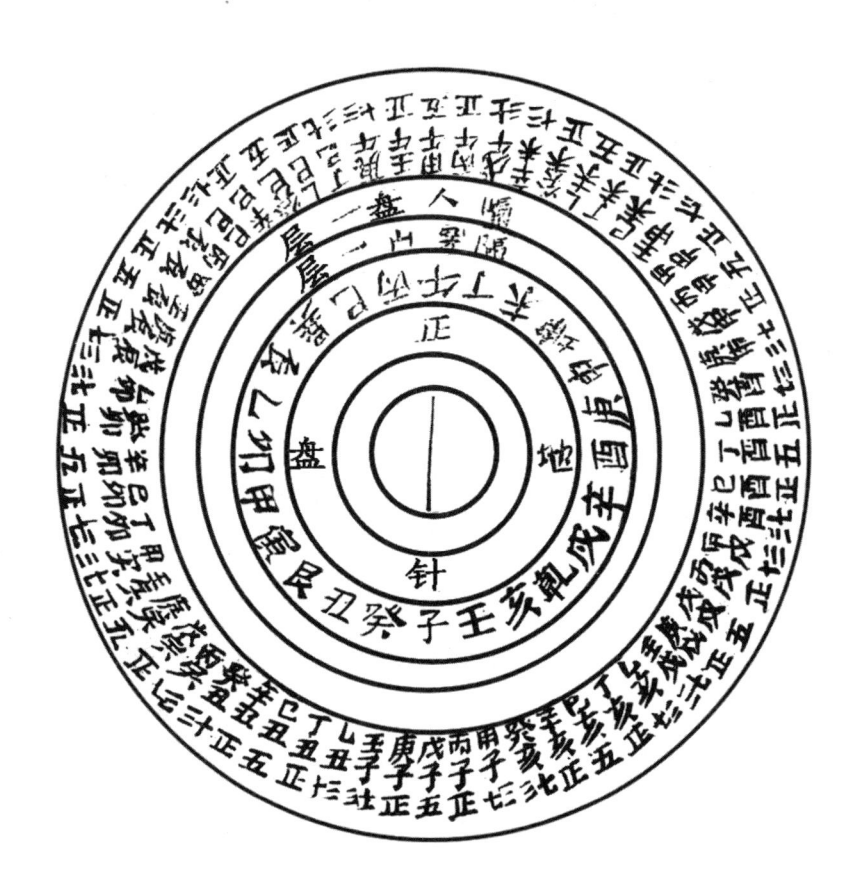

透地之下，载有三七正五名，为偏正一盘，歌列十四层。

夫火坑穴必有水蚁木根穿棺缠尸，塚土枯干，草色如牛粪样，主淫乱，少亡孤寡，儿孙忤逆，颠狂刑害瘟火，人财耗散，官讼不绝。珠宝穴开，见必有生气，红黄光润，五色罗纹，又有紫藤绕棺，塚土草气茂盛。

第十四层　透地奇门 子父财官禄马贵人

先言穿山虎，方行透地龙。浑天开宝照，金水日月逢。

穿一虎者，七十二龙接脉。先识者须先察其来脉，是何龙入首。不言龙而言虎者，其法用五虎原遁之义，以应气候也。方行者，既识入首之龙，然后可坐穴乘气。透地者，即坐穴六十龙也，与七十二龙为表里。透者如管吹灰，贯气入穴；穿者如线穿针，串其所来也。浑天者，乃浑天六甲，以起遁而寻四吉三奇之砂水也。宝照如明镜照物，可见浑天转而四吉之星备见。金水日四月禽星相会合一处，取收本山来龙坐穴砂水作用。共合经盘五层为例，先从六甲之节，定上中下三候。既分用遁甲九宫，起甲子于何宫；后遁卦例，识符头之所住。本龙之所泊子父财官，因此而推；日月金水，从此而会；三奇入门，依此而遁，则星度内卦之事毕矣。

阳遁起节歌

冬至惊蛰一七四，小寒二八五为次。
大寒春分三九六，立春八五二相逐。
清明立夏四一七，雨水九六三无失。
小满谷雨五二八，芒种六三九数之。

阴遁起节歌

夏至白露九三六，大雪四七一宫住。
大暑秋分七一四，小暑八二五中推。
立冬寒露六三九，立秋二五八宫参。
小寒霜降五八二，处暑一四七内涵。

奇门遁甲式

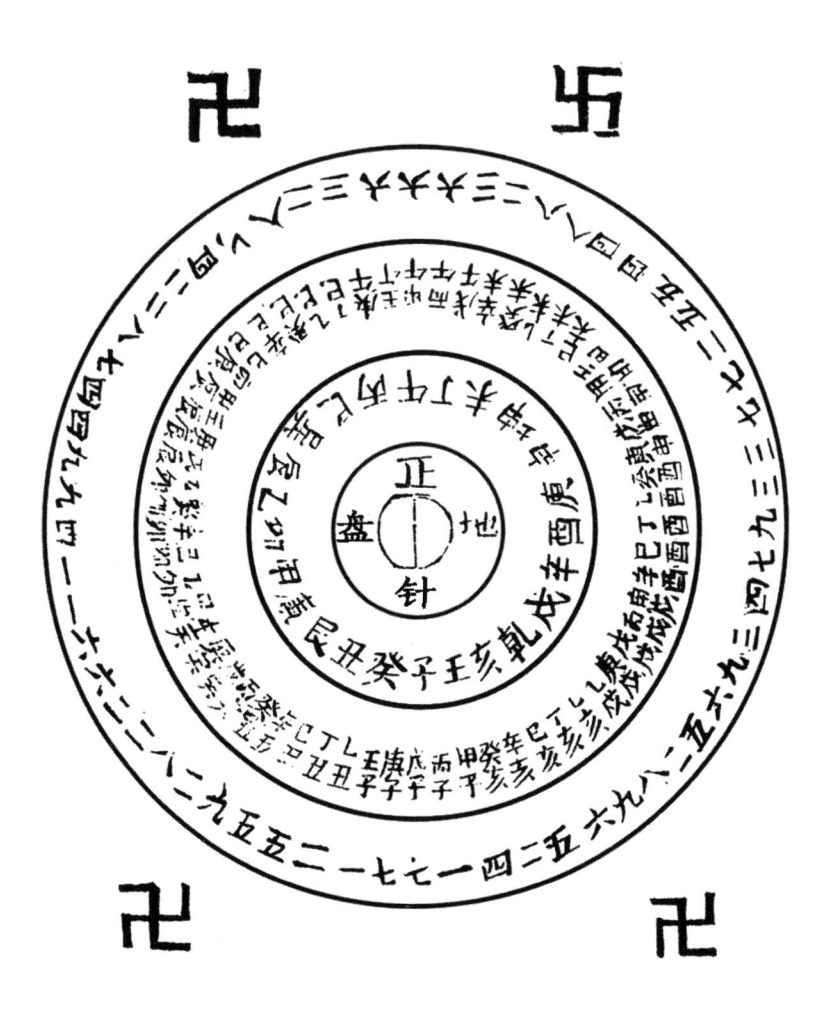

第十五层　透地卦配六十龙

其法以二十四向，分配六十龙，每一向管二龙半；二十四山，共六十龙。除震兑坎离四卦为体，名曰四正，皆管八龙；乾坤艮巽，名曰四隅，皆管七龙。自甲子至丙、戊、庚、壬五子，乙、丁、己三丑，八龙皆属坎。辛、癸二丑，丙、戊、庚、壬、甲五寅，七龙皆属艮。丁、己、辛、癸、乙五卯，戊、庚、壬三辰，八龙皆属震。甲、丙二辰，己、辛、癸、乙、丁五巳，七龙皆属巽。庚、壬、甲、丙、戊五午，辛、癸、乙三未，八龙皆属离。丁、己二未，壬、申、丙、戊、庚、五申，七龙皆属坤。癸、乙、丁、己、辛五酉，甲、丙、戊三戌，八龙皆属兑。庚、壬二戌，乙、丁、己、辛、癸五亥，七龙皆属乾。

以六十龙分配于二十四气，自甲子、丙子、戊子为大雪，庚子、壬子为冬至，乙丑、丁丑、己丑为小寒，而艮宫之辛丑、癸丑为大寒，丙寅、戊寅、庚寅为立春，壬寅、甲寅为雨水。前节气管三卦，中节气二卦。后六宫之卦，皆以上六十龙，各有分属八卦，此管定位。如在管之卦为内卦，凡遁来之卦为外卦，合成二卦。譬如甲子至己丑八龙属坎，此八龙内外皆坐定坎宫，外遁加来者为外卦，共成一卦。先排六十甲子卦例，后知子父财官、浑天甲子起例、六十龙配卦，例图列后。

凡登山阅地，则有六十龙透地。余只录二十四位为旺相珠宝穴，避去三十六龙为孤虚煞曜。学者照余二十四位珠宝穴图，五亲四吉砂水，以验发福荣地，无有不应。

凡取二十四位透地珠宝穴，穴中装卦例，以三奇八门、子父财官、贵人禄马、四吉五亲，诸峰秀美，周围相应，速发富贵。或六爻诸峰有不全者，当造塔阁亭台，培筑土墩竹树，以补完造化，必发福久远。

透地卦式

此盘合天元连山卦，而出透地为内卦。一曰《连山》，夏得人统，《易》以艮为首。艮为山，连连不绝也。

第十六层　六十龙配宿以应四吉砂水

二十八宿，分布于六十龙之中，从甲子起角木蛟，顺行乙丑亢金龙，丙寅氐土貉，周而复始。仍从角起，轮布二周，各禽只管二龙。唯角亢氐房四宿，各得其三龙，以足六十数。以备查起卦持世之宿，推四吉之用。

又一用法如六十龙，甲子纳音金龙，系角木蛟管局，乃木受金龙，此克禽星受制。且分金坐穴，不宜坐金度，则木禽受克太过，大为不吉。又如丙午水龙，系奎木狼管局，禽星得水龙所生，最为上吉。更得分金坐度相宜，尤妙。

二十八宿分配六甲捷诀 并附于左

甲子角兮乙丑亢，丙寅丁卯氐房当。
次第排来至甲戌，虚宿管局不须装。
参归甲申氐归午，甲辰室火为定矩。
甲寅管局是鬼禽，每旬十宿排去轮。

按本篇禽星所载之列，假如甲子龙穿得角木蛟管山，甲子是金龙，角乃木宿，为金龙克木，更加浑天金度行龙禽星受克，纵龙穴砂水紧密，只可渐发，终必败绝，多出疯癆军贼路死。又如丙子水龙，穿得奎木狼管山，为水生木，再得龙穴砂水全美，立向合法，必主富贵无疆。

禽星若受吞啖，亦不吉。如天台县贾丞相名似道祖地，作酉山卯向，是己酉龙，归妹卦三爻，丁丑壁宿持世，七元毕宿管局。己酉又属丁酉，穿得尾宿管山，能食持世宿，合从本山逐年顺行，至丁酉六旬，而凶祸立见。故其记云："金星壁水貐星现，最喜金乌升宝殿。正面诸侯半面君，癸酉生人受恩眷。六十年后急宜扦，尾火虎星果出现。马头火焰种天红，破了金乌伤宝殿。地形天象杀气同，到此令人无眼见。天机秘密不容缄，地记留为千古验。"此盖峦头方位受克，而持世之宿，又受吞唉也。

凡禽在十二支中升殿入垣，大吉。穴宿又宜与流水宿相生比和为吉。

其法二十八宿，藏于透地龙之下，地盘作用，取四吉砂水禽星持世，为透地龙，纳音相为表里；以及浑天度相克为官煞者，宜细心明辨。

四吉星，乃金水日月四宿，会合一处，故名"潭天开宝照，金水日月逢"。

补遁四吉禽宫要诀

欲知四吉会何局，虚二鬼四寻箕六。
毕在本宫氏在三，奎五翼七相继续。
识得阴阳顺逆寻，我今立法堪传述。
阳遁进前顺位，阴遁退宫逆位。

补持世爻七曜起宿遁四吉诀

七曜禽星会者稀，日虚月鬼火从箕。
水毕木氏金奎位，四土还从翼宿推。

六甲管宿诗

甲子角兮甲戌虚，甲申参位午逢氏。
甲辰遇空亡逢鬼，此是六甲起宿诗。

补二十四位珠宝穴管局宿

丙子室，丁丑壁，戊寅奎，己卯娄，
庚辰胃，辛巳昴，壬午毕，癸未觜，
甲申参，乙酉井，丙戌鬼，丁亥柳，
庚子牛，辛丑女，壬寅虚，癸卯危，
甲辰室，乙巳壁，丙午奎，丁未娄，
戊申胃，己酉昴，庚戌毕，辛亥觜。

二十八宿四吉宝照式

第十七层　定四吉三奇[①]

盖盈缩六十龙透地，名曰"天纪"，又名"透地光"，谓之"墓乘生气，趋吉入穴"。先圣云："山川有灵而无主，尸骨有主而无灵。人死有何灵？不过借山川之灵气，真龙结穴；媾精一席之地，温煖枯骨，荫佑子孙。"如十二天干来龙，逢中一穴为珠宝，挨左右二棺为孤虚煞曜空亡。隔左右火坑一穴，有二棺吉穴，共有三棺发福之地。

如十二地支龙入首，一龙有二棺珠宝。五子气十二支中，共有六十花甲。合前十二天干，则为七十二龙穿山。入首处，峦头里，气结穴之地，下罗经，穿山则不必用，当用透地六十龙，以穴后八尺透气入棺。凡属地支龙，逢中一棺，即是火坑，切不宜葬。透左右二棺，即是珠宝。学者登山观验，古今旧地，自见乘气之法，吉凶之别，可夺神功。后列二十四位珠宝，透地龙奇门，子父财官、贵人禄马、五亲砂水图列于后。

---

① 八门九星子父财官兄弟禄马贵到方定局。

释子父财官兄弟[1]

夫透地奇门,六甲分为阴阳二道。一阳生于甲子,为阳遁,顺起六仪,逆布三奇。一阴生于甲午,为阴遁,逆起六仪,顺布三奇。所切者收四吉之山,发三奇之水,坐禄马贵人之方,忌五行关煞之乡,避阴阳差错之位,去星辰暗伏之所,收八干清奇之度,以此量砂步水,毫发无差。其收定穴之法,须以浑天甲子为主。

盖六十龙之中,十二支神,各占五位,分甲子五行星度,布而乘之。透地六十龙,坐穴为内卦,由浑天甲子,以推山水吉凶为紧切。取贵人禄马,或三奇乙丙丁,四吉金水日月,五亲砂水子父财官兄弟以坐穴,合得八方之山,金水日月,或得之照向,或三奇秀拔有力之山,或子父财官兄弟方峰高圆秀有力,或贵人禄马拱扶,合此为上地,定出公侯卿相,忠贞仁厚之才。若合得三奇四吉,必生经魁豪杰之士。此法今人皆所不知也。

先圣造此奇门卦例,宿度则出乎自然而用之。后世学者,多则未知也。今以录出四层,以免失传,用不用自在人心。

---

[1] 所谓五亲是也。

丙子正壬龙

大雪下局，起甲子，系甲戌为符头，在九宫逆遁，卦得泽水困。属金，初爻奎木狼持世。

上六	▬▬ ▬▬		丁未	父母
九五	▬▬▬▬▬		丁酉	贵人兄弟
九四	▬▬▬▬▬	应	丁亥	贵人子孙
六三	▬▬ ▬▬		戊午	官星
九二	▬▬▬▬▬		戊辰	父母
初六	▬▬ ▬▬	世	戊寅	驿马才星

戊辰父母在六乾，戊寅才马在中堂寄艮，戊午官星遁一坎，丁亥子孙贵人在中宫寄艮，丁酉弟兄贵人在四巽，丁午弟兄在震。

休门在震，冲星一坎，丁奇到巽，丙奇到震，乙奇到坤，四吉在艮，室火猪管局。

六爻内无禄山

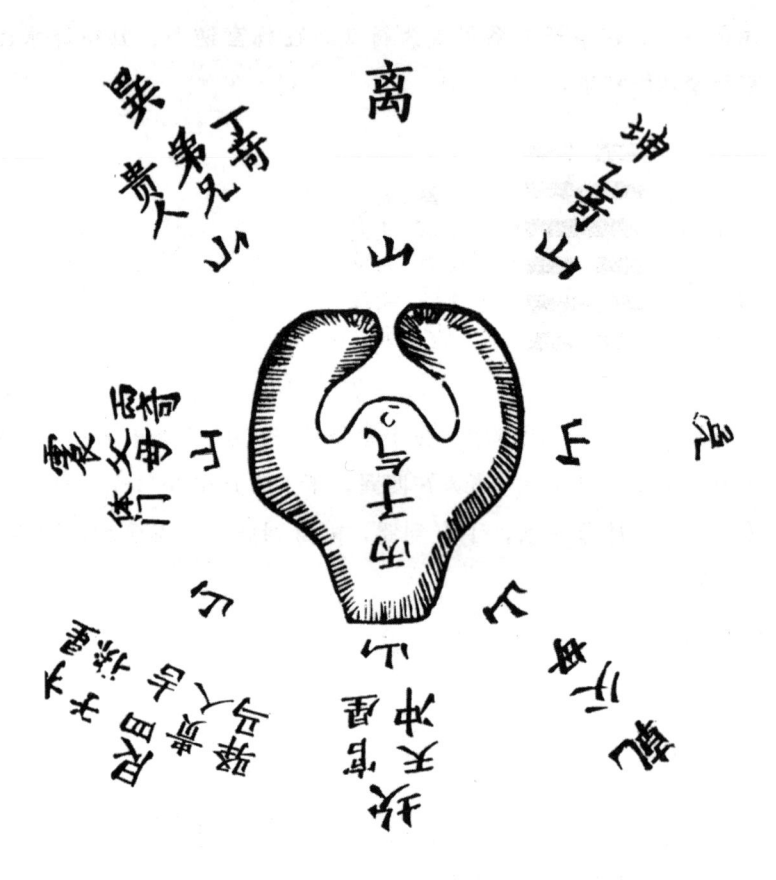

庚子气正子龙

冬至七宫，起甲子，一宫甲午为符头，卦得雷水解。震卦属木，二爻心月狐持世。

上六	▬▬ ▬▬		庚戌	才星
六五	▬▬ ▬▬	应	庚申	官星禄星
九四	▬▬▬▬		庚午	子孙
六三	▬▬ ▬▬		戊午	子孙
九二	▬▬▬▬	世	戊辰	才星
初六	▬▬ ▬▬		戊寅	驿马兄弟

遁得戊寅弟兄在震，戊辰才星在坤，戊午子孙在兑，庚午子孙在巽，庚申官星在离，真禄在离，驿马在三震，贵人无，庚戌财星在艮。

四吉星在坎，休门在兑，英星在坎，丁奇四巽，丙奇中宫，乙奇乾，系牛金牛管局。

六爻内无父母贵人二山

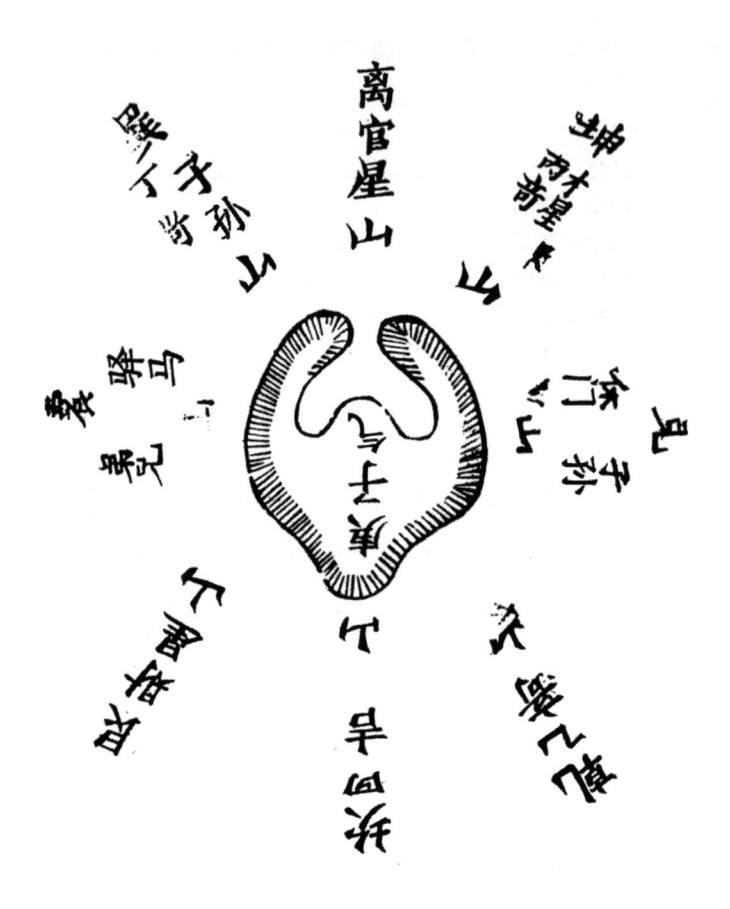

离官星山

坤财耀乙山

艮子孙山

巽子孙山

兑兄弟山

乾财官鬼山

坎兄弟山

震官鬼山

丁丑气正癸龙

小寒下局，卦得风水涣，五宫起甲子，甲戌为符头，乾宫顺遁，属火，五爻昴日鸡持世。

上九	▬▬ ▬▬		辛卯	父母
九五	▬▬▬▬▬	世	辛巳	兄弟
六四	▬▬ ▬▬		辛未	子孙
六三	▬▬ ▬▬		戊午	兄弟
九二	▬▬▬▬▬	应	戊辰	兄弟
初六	▬▬ ▬▬		戊寅	父母

遁得戊寅父母一坎，戊辰子孙九离，戊午兄弟在坤，辛未子孙三震，辛巳兄弟四巽，辛卯父母在坤宫。

四吉六乾，真禄在五，中宫寄坤，丁奇二坤，丙奇三震，乙奇在巽。财官马贵山俱无。系壁水貐管局。

八卦无财官贵马山

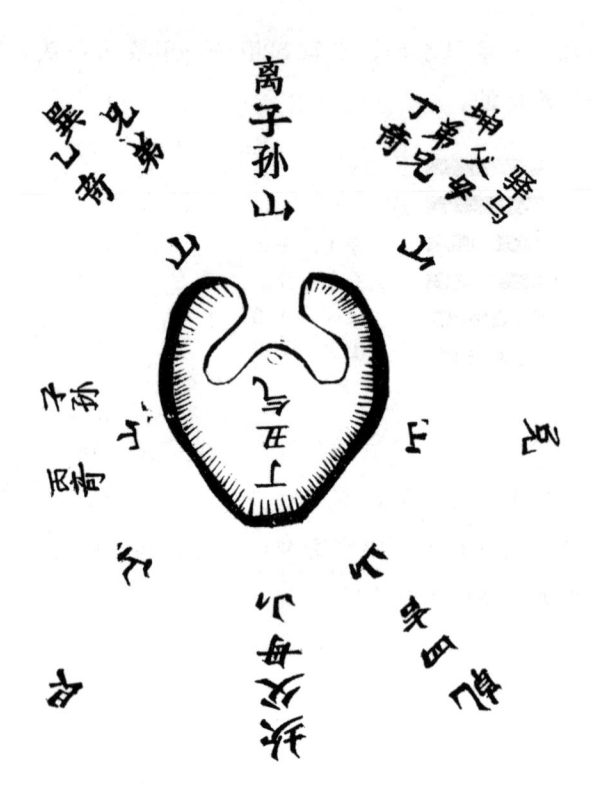

辛丑气正丑龙

大寒中局，九宫起甲子，系甲午为符头。三震顺遁，卦得风山渐，属土，三爻心月狐持世。

上九	▬▬▬	应	辛卯	官星
九五	▬▬▬		辛巳	父母
六四	▬ ▬		辛未	兄弟
九三	▬▬▬	世	丙申	子孙
六二	▬ ▬		丙午	父母
初六	▬ ▬		丙辰	兄弟

遁得丙辰弟兄在兑，丙午父母在乾，丙申子孙在中宫，寄坤。辛未兄弟在兑，辛巳父母在艮，辛卯官星在离。

乙奇在艮，丙奇在兑，丁奇在乾，贵人在乾，禄马山无，休门在离，蓬星在坎，四吉在震。

六爻无禄马山

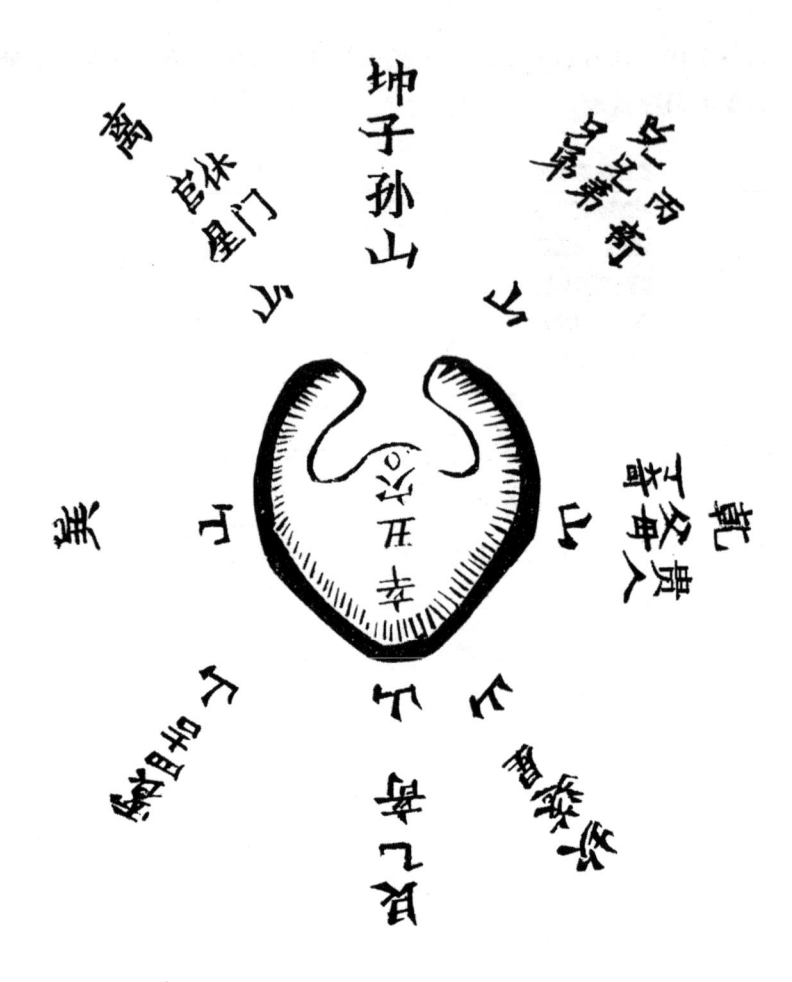

坤子孙山

戊寅气正艮龙

立春下局，二坤起甲子，甲戌为符头。三震顺遁，得地山谦卦，属金，五爻房日兔持世。

上六	▬▬ ▬▬		癸酉	兄弟
六五	▬▬ ▬▬	世	癸亥	子孙
六四	▬▬ ▬▬		癸丑	父母
九三	▬▬▬▬		丙申	兄弟
六二	▬▬ ▬▬	应	丙午	官星
初六	▬▬ ▬▬		丙辰	父母

遁得丙辰父母在离，丙午官星在艮，丙申弟兄在兑，癸丑父母在乾，癸亥子孙在兑，癸酉弟兄在坤。

丁奇在艮，丙奇在离，乙奇在坎，驿马在兑，四吉在坤，贵人在乾，休门在离，芮星在坎，财禄俱无，奎木狼管局。

六爻无财山

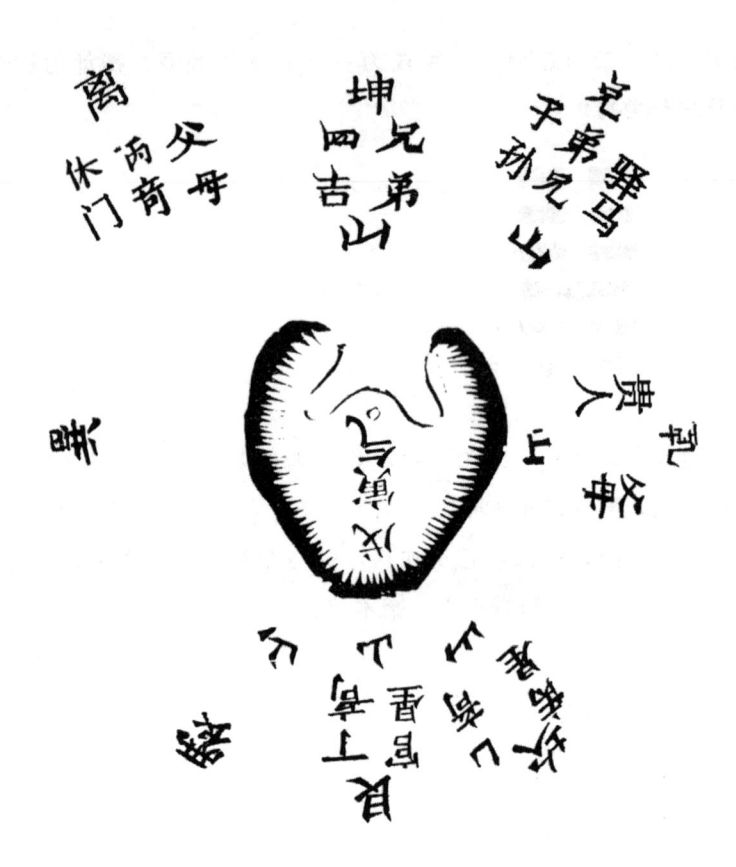

壬寅气正寅龙

雨水中局，乾宫起甲子，甲午为符头，离宫顺遁行，得火山旅卦，属火，初爻星日马持世。

上九	▬▬▬		己巳	兄弟贵人
六五	▬ ▬		己未	子孙
九四	▬▬▬	应	己酉	财星
九三	▬▬▬		丙申	才星驿马
六二	▬ ▬		丙午	弟兄
初六	▬ ▬	世	丙辰	子孙

遁得丙辰子孙在巽，丙午弟兄在震，丙申财驿马在坤，己酉财星在乾，己未子孙在兑，己巳弟兄贵人在坤。

丁奇在震，丙奇在巽，乙奇在中宫寄坤，四吉在兑，休门在乾，英星在坎。无父官禄山，虚日鼠管局。

六爻无父官禄三山

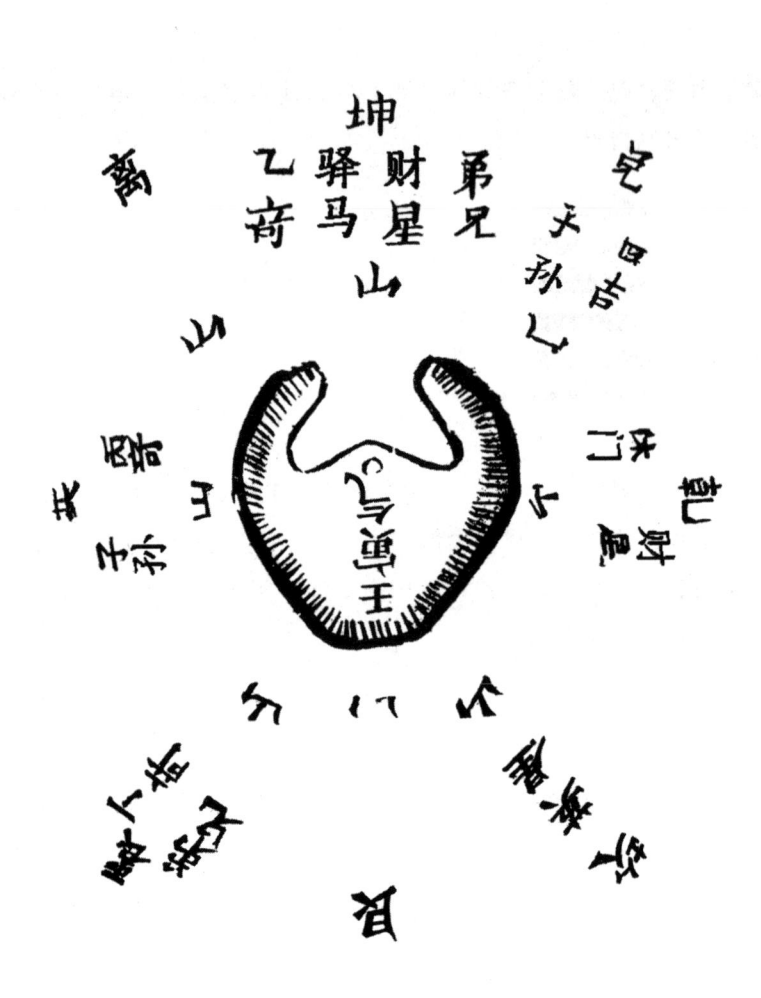

己卯气正甲龙

惊蛰上局，坎宫起甲子，系甲戌二宫符头，顺遁得山雷颐卦，属木，四爻鬼金羊持世。

上九	▬▬▬		丙寅	兄弟
六五	▬ ▬		丙子	父母贵人
六四	▬ ▬	世	丙戌	财星
六三	▬ ▬		庚辰	财星
六二	▬ ▬		庚寅	弟兄
初九	▬▬▬	应	庚子	父母贵人

遁得庚子父母在坎，贵人在坎；庚寅弟兄在离，庚辰财星在艮，丙戌财星在中宫，寄坤；丙子父母贵人在巽，丙寅弟兄在震。

丁奇在兑，丙奇在艮，乙奇在离，休门在艮。蓬星一坎，四吉在中宫寄坤，子孙禄马无，娄金狗管局。

无禄马官子山

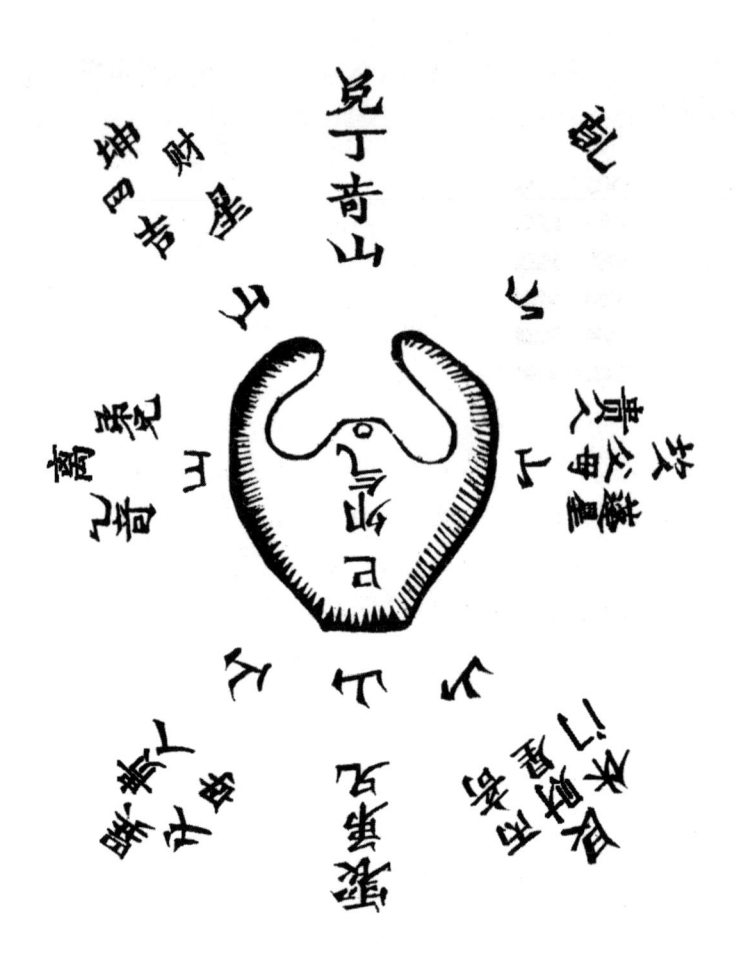

癸卯气正卯龙

春分中局，九离起甲子，震宫甲午为符头，卦得震为雷，属木，六爻毕月乌持世。

上六	▬▬ ▬▬	世	庚戌	财星
六五	▬▬ ▬▬		庚申	官星
九四	▬▬▬▬▬		庚午	子孙
六三	▬▬ ▬▬	应	庚辰	财星
六二	▬▬ ▬▬		庚寅	弟兄
初九	▬▬▬▬▬		庚子	父母

遁得庚子父母在离，庚寅弟兄在艮，庚辰财星在兑，庚午子孙在乾，庚申官星在坤，庚戌财星在坎。

丁奇在乾，丙奇七兑，乙奇八艮，四吉三震，禄山九离，休门二坤，芮星在坎，马贵俱无，系危月燕管局。

六爻无马贵人二山

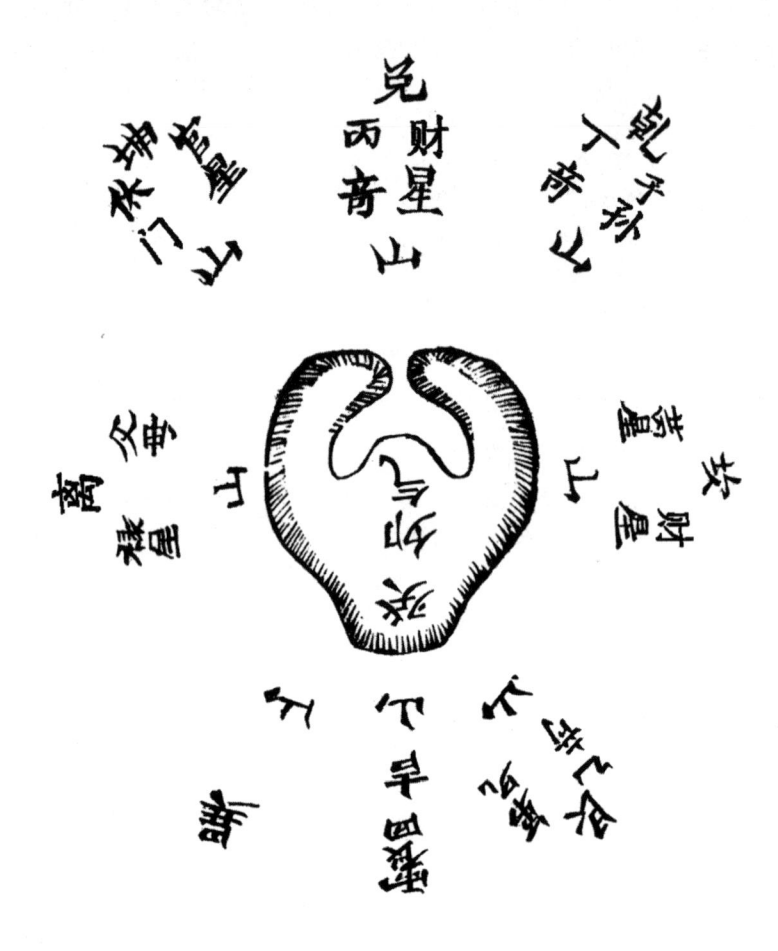

庚辰气正乙龙

清明上局，巽宫起甲子，中宫甲戌为符头，卦得震为雷属木，六爻毕月乌持世。

上六	▬▬ ▬▬	世	庚戌	财星
六五	▬▬ ▬▬		庚申	官禄星
九四	▬▬▬▬		庚午	子孙
六三	▬▬ ▬▬	应	庚辰	财星
六二	▬▬ ▬▬		庚寅	弟兄驿马
初九	▬▬▬▬		庚子	父母

遁得庚子父母在巽，庚寅兄弟驿马在震，庚辰财星在坤，庚午子孙在坎，庚申官星禄星在乾，庚戌财星在中宫寄坤。

丁奇坎，四吉兑，柱星坎，休门坤，贵山无，胃土雉管局。

六爻无贵人山

甲辰气正辰龙

谷雨下局，八艮起甲子，震宫为符头，卦得巽为风，属木，六爻轸水蚓持世。

上九	▬▬▬	世	辛卯	兄弟
九五	▬▬▬		辛巳	子孙
六四	▬ ▬		辛未	财星贵人
九三	▬▬▬	应	辛酉	官星
九二	▬▬▬		辛亥	父母
初六	▬ ▬		辛丑	财星贵人

遁得辛丑财星贵人在震，辛亥父母在坎，辛酉官星在坤，辛未财星贵人在乾，辛巳子孙在兑，辛卯弟兄在艮。

丁奇中宫寄坤，丙奇六乾，乙奇七兑，四吉八艮，休门在坎，冲星在坎，禄马俱无，室火猪管局。

六爻缺禄马山

辛巳气正巽龙

立夏上局，巽宫起甲子，中宫甲戌为符头，卦得泽风大过，属木，四爻柳土獐持世。

上六	▬▬ ▬▬		丁未	财星
九五	▬▬▬▬▬		丁酉	官禄星
九四	▬▬▬▬▬	世	丁亥	父母驿马
九三	▬▬▬▬▬		辛酉	官禄星
九二	▬▬▬▬▬		辛亥	父母驿马
初六	▬▬ ▬▬	应	辛丑	财星

遁得辛丑财星在中宫寄坤，辛亥驿马父母在乾，辛酉官禄星在兑，丁亥驿马父母在离，丁酉官星禄星在坎，丁未财星在坤。

丁奇坎，丙奇坤，乙奇震，四吉坎，休门坤，天心坎贵人无，昴日鸡管局。

六爻无贵人山

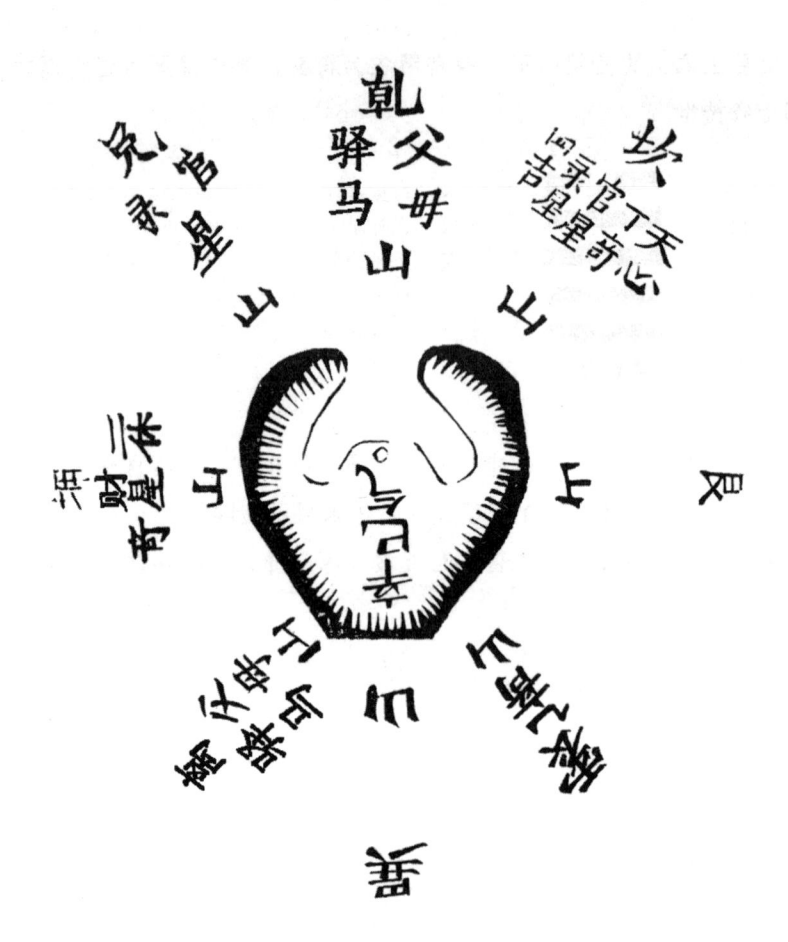

乙巳气正巳龙

小满下局，艮宫起甲子，三震甲辰为符头，顺遁，卦得雷风恒，属木，三爻亢金龙持世。

上六	▬▬ ▬▬	应	丁未	财星
六五	▬▬ ▬▬		丁酉	官星贵人
九四	▬▬ ▬▬		丁亥	子孙
九三	▬▬▬▬	世	辛酉	官星
九二	▬▬▬▬		辛亥	父母驿马
初六	▬▬ ▬▬		辛丑	财星

遁得辛丑财星在离，辛亥驿马父母在坎，辛酉官星在坤，庚午子孙在中宫奇坤，庚申官星贵人在坎，庚戌财星在离。

丁奇在中宫寄坤，丙奇在乾，乙奇兑，四吉震，休门艮，英星坎，禄山无，壁水貐管局。

六爻无禄山

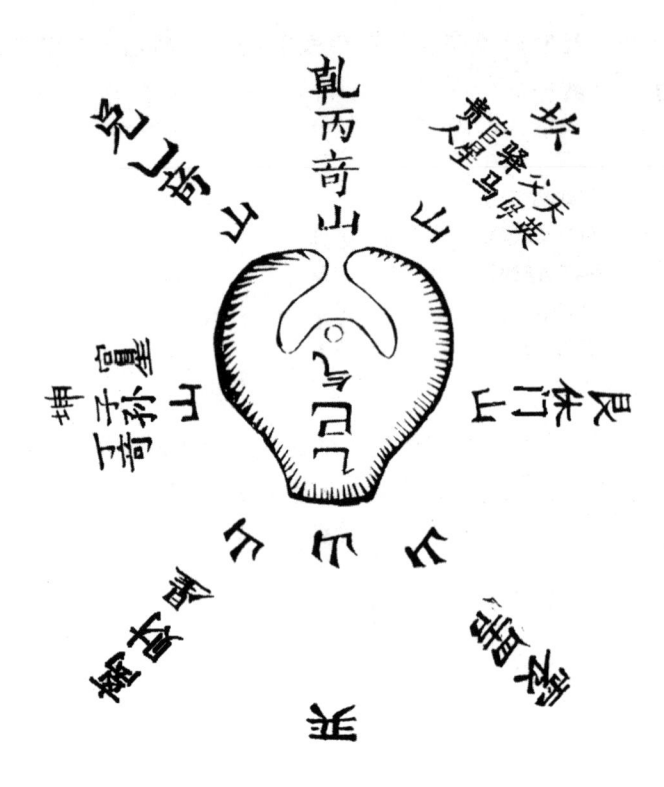

壬午气正丙龙

芒种上局，六乾起甲子，七兑甲戌为符头，顺遁，卦得风火家人，属木，二爻张月鹿持世。

上九	▬▬▬		辛卯	弟兄贵人
九五	▬▬▬	应	辛巳	子孙贵人
六四	▬ ▬		辛未	财星
九三	▬▬▬		己亥	父母禄星
六二	▬ ▬	世	己丑	财星
初九	▬▬▬		己卯	弟兄贵人

遁得己卯贵人弟兄在震，己丑财星在巽，己亥禄星父母在中宫寄坤，辛未财星在巽，己亥禄星父母在中宫寄坤，辛卯贵人弟兄在乾。

丁奇震，丙奇巽，乙奇中宫寄坤，四吉离，休门艮，柱星坎，官马无，毕月乌管局。

六爻无官马山

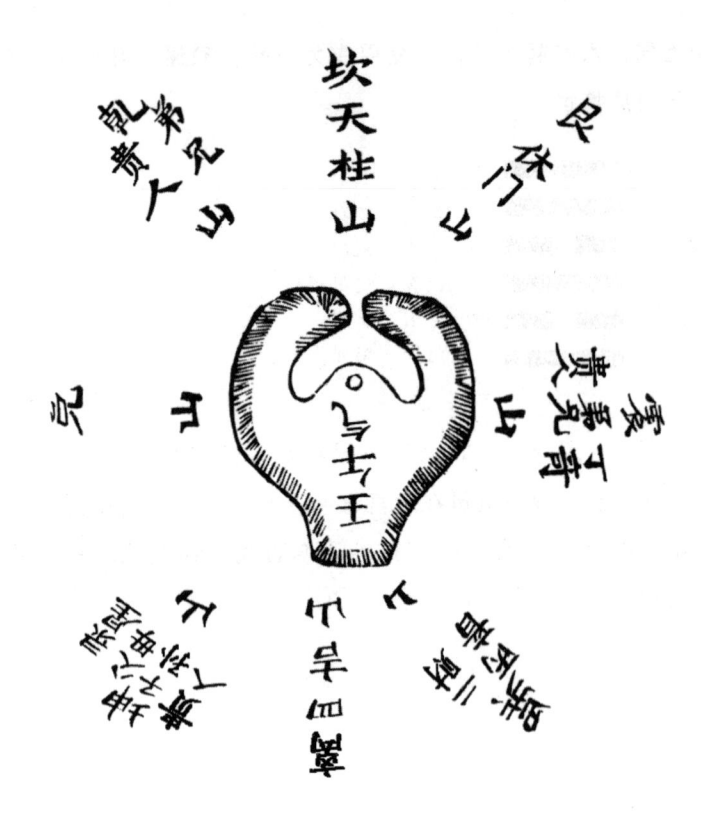

丙午气正午龙

夏至下局，乾宫起甲子，逆遁二坤，卯辰为符头，卦得地火明夷，属水，四爻井木犴持世。

上六	▬▬ ▬▬		癸酉	父母贵人
六五	▬▬ ▬▬		癸亥	弟兄贵人
六四	▬▬ ▬▬	世	癸丑	官星
九三	▬▬▬▬▬		己亥	弟兄贵人
六二	▬▬ ▬▬		己丑	官星
初九	▬▬▬▬▬	应	己卯	子孙

遁得己卯子孙在离，己丑官星在艮，己亥弟兄贵人到兑，癸丑官星在坤，癸亥弟兄贵人到坎，癸酉父母贵人到乾。

丁奇离，丙奇艮，乙奇兑，四吉巽，休门乾，英星坎，禄马财山俱无，奎木狼管局。

六爻无禄马财三山

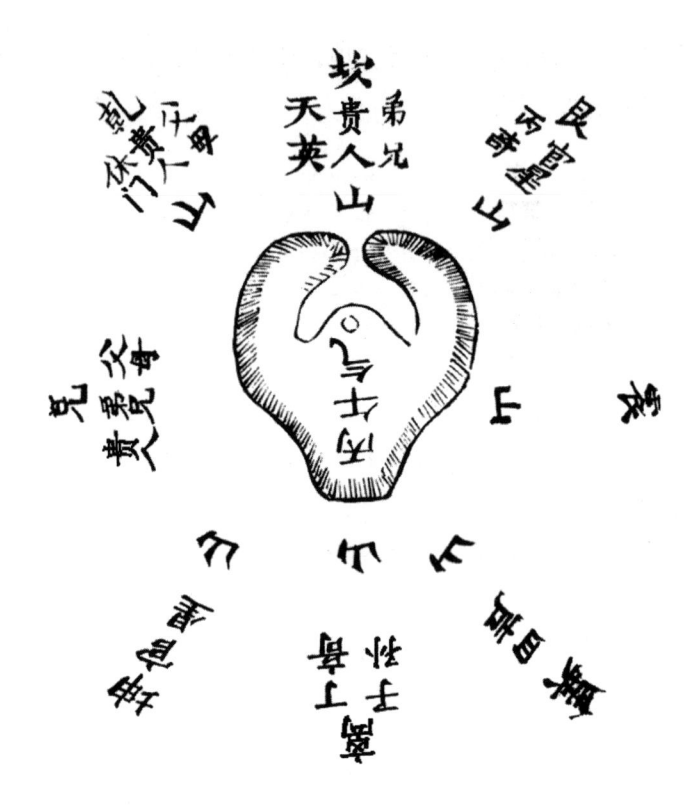

癸未气正丁龙

小暑上局，八艮起甲子，兑宫甲戌为符头，逆遁，卦得离为火，属火，六爻尾火虎持世。

上九	▬▬▬	世	己巳	兄弟驿马贵人
六五	▬ ▬		己未	子孙
九四	▬▬▬		己酉	财星
九三	▬▬▬	应	己亥	官星
六二	▬ ▬		己丑	子孙
初九	▬▬▬		己卯	父母贵人

遁得己卯父母贵人到坤，己丑子孙到坎，己亥官星到离，己酉财星到艮，己未子孙到兑，己巳驿马贵人弟兄到震。

丁奇坤，丙奇坎，乙奇离，四吉离，休门坎，天英坎，禄山无，觜火猴管局。

六爻无禄山

一卦管三山，无山方。

宜生旺处忌泄煞方。

父山峙则田宅广，财山耸则金帛盈。主妻美食丰，官山秀，科甲显。

子山高则子孙旺，长生禄马方高旺秀，则无疾多寿贵显。

四吉三奇山高旺秀，必富贵应速。

或六爻诸峰有不全，造塔阁亭台上墩补。

丁未气正未龙

大暑下局，巽宫起甲子，九离甲辰为符头，卦得雷地豫，属木，初爻房火鬼持世。

上六	▬▬ ▬▬		庚戌	财星
六五	▬▬ ▬▬		庚申	官星
九四	▬▬▬▬▬	应	庚午	子孙禄星
六三	▬▬ ▬▬		乙卯	弟兄
六二	▬▬ ▬▬		乙巳	子孙驿马
初六	▬▬ ▬▬	世	乙未	财星

遁得乙未财星到离，乙巳子孙驿马到艮，乙卯弟兄到兑，庚午子孙禄山到兑，庚申官星到坤，庚戌财山到震。

丁奇兑，丙奇乾，乙奇中宫寄艮，四吉震，休门巽，天柱坎，父母贵人俱无，箕水豹管局。

六爻无父贵山

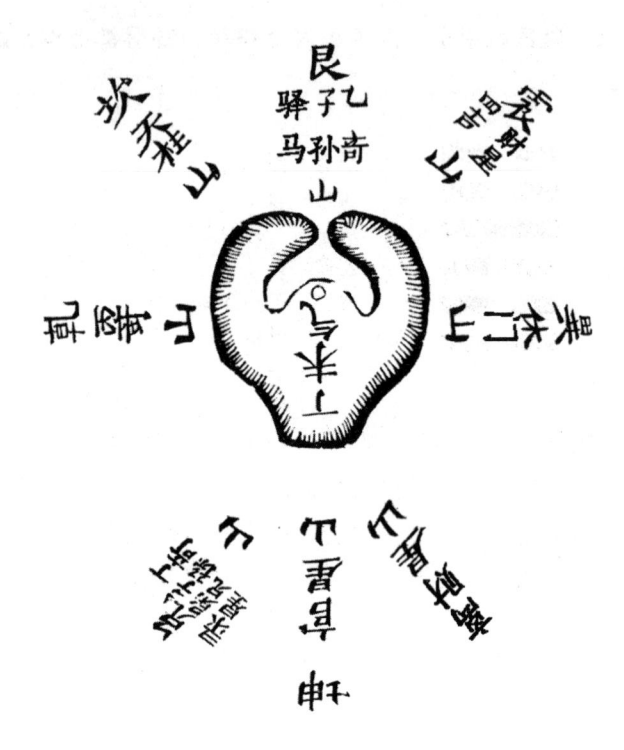

甲申气正申龙

立秋中局。中宫起甲子。三震为符头。卦得坤为地。属土。六爻女土蝠持世。

上六	▬▬ ▬▬	世	癸酉	子孙
六五	▬▬ ▬▬		癸亥	财星
六四	▬▬ ▬▬		癸丑	弟兄贵人
六三	▬▬ ▬▬	应	乙卯	官星
六二	▬▬ ▬▬		乙巳	父母
初六	▬▬ ▬▬		乙未	弟兄贵人

遁得乙未弟兄贵人到坎，乙巳父母到离，乙丑官星到艮，癸丑弟兄贵人到坎，癸亥官星到离，癸酉子孙中宫寄艮。

艮奇丁，丙奇兑，乙奇乾，四吉艮，休门坎，蓬星坎，禄马无，参水猿管局。

六爻无禄马山

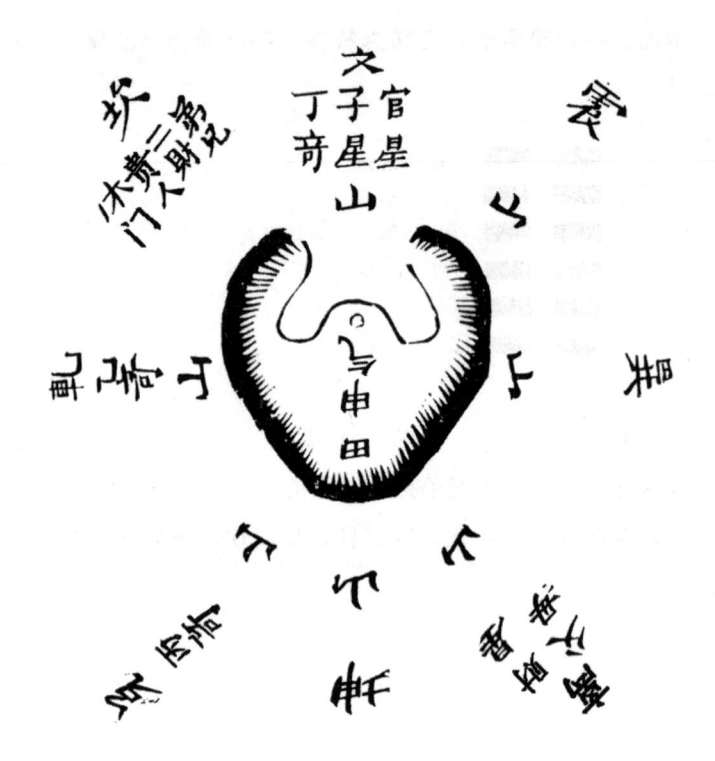

戊申气正申龙

处暑下局,兑宫起甲子,三震甲辰为符头,卦得泽地萃,属金,三爻壁水㺄持世。

上六	▬▬ ▬▬		丁未	父母贵人
九五	▬▬▬▬▬	应	丁酉	弟兄
九四	▬▬▬▬▬		丁亥	子孙
六三	▬▬ ▬▬		乙卯	财星
六二	▬▬ ▬▬	世	乙巳	官禄星
初六	▬▬ ▬▬		乙未	父母贵人

遁得乙未父母贵人到震,乙巳官禄星到坤,乙卯财星在坎,丁亥子孙到坤,丁酉弟兄到坎,丁未贵人父母到离。

丁奇坎,丙奇离,乙奇艮,四吉兑,休门离,天英坎,胃土雉管局。

马山无

乙酉气正庚龙

白露中局，三震起甲子，一坎甲申为符头，卦得雷泽归妹，属金，三爻壁水貐持世。

上六	▬▬ ▬▬	应	庚戌	父母
六五	▬▬ ▬▬		庚申	弟兄贵人
九四	▬▬▬▬		庚午	官星
六三	▬▬ ▬▬	世	丁丑	父母
九二	▬▬▬▬		丁卯	财禄星
初九	▬▬▬▬		丁巳	官星

遁得丁巳官星到巽，丁卯禄星财星到离，丁丑父母到艮，庚午官星到乾，庚申弟兄贵人到坎，庚戌父母在坤。

丁奇乾，丙奇中宫，乙奇巽，休门震，天芮坎，四吉震，井木犴管局。

六爻无子孙驿马山

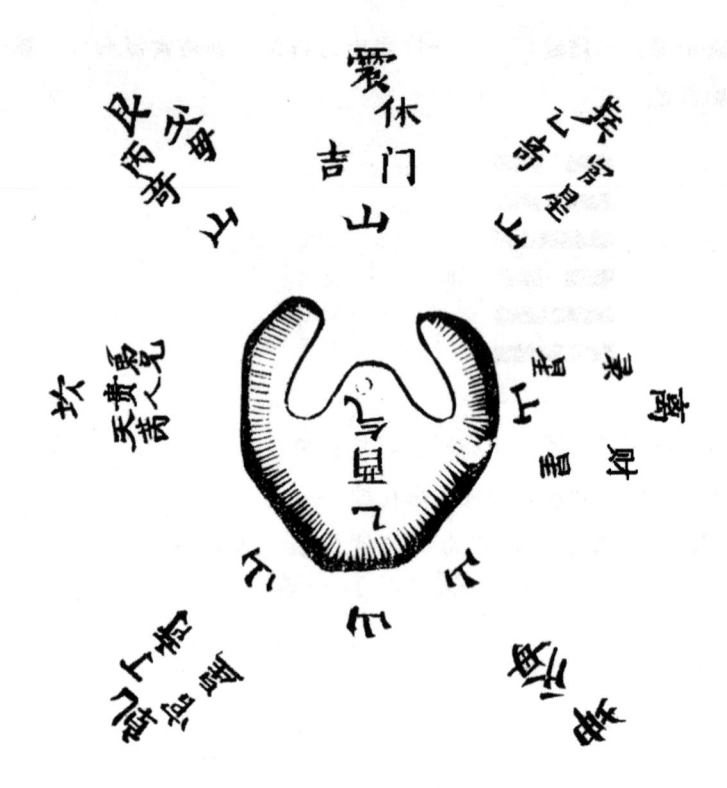

己酉气正西龙

秋分上局，七兑起甲子，三震甲辰为符头，卦得雷泽归妹，属金，三爻壁水貐持世。

上六	▬▬ ▬▬	应	庚戌	父母
六五	▬▬ ▬▬		庚申	弟兄贵人
九四	▬▬▬▬▬		庚午	官星
六三	▬▬ ▬▬	世	丁丑	父母
九二	▬▬▬▬▬		丁卯	财星
初九	▬▬▬▬▬		丁巳	官星

遁得丁巳官星到艮，丁卯财星在巽，丁丑父母到震，庚午官禄星到坎，庚申弟兄贵人到中宫寄艮，庚戌父母到乾。

丁奇坎，丙奇离，乙奇艮，四吉兑，休门巽，天辅坎，昴日鸡管局。

六爻无子马山

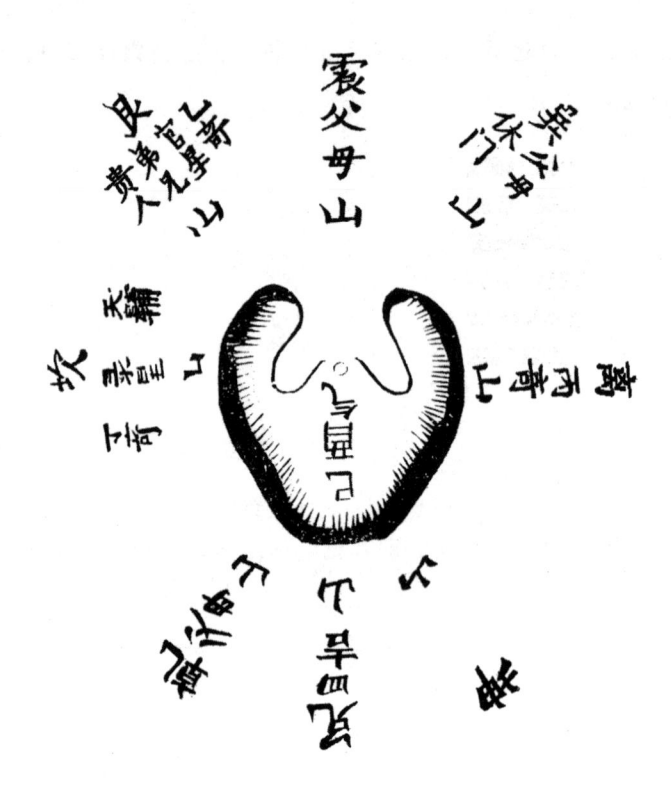

震父母山

丙戌气正辛龙

寒露中局，九离起甲子，七兑甲申为符头，卦得天泽履，属土，五爻牛金牛持世。

上九	▬▬▬▬▬		壬戌	弟兄
九五	▬▬▬▬▬		壬申	子孙驿马
九四	▬▬▬▬▬	世	壬午	父母
六三	▬▬ ▬▬		丁丑	弟兄
九二	▬▬▬▬▬		丁卯	官星
初九	▬▬▬▬▬	应	丁巳	父母禄星

遁得丁巳父母禄星到坎，丁卯官星在乾，丁丑弟兄到中宫寄艮，壬午父母到离，壬申子孙驿马到坎，壬戌弟兄到中宫寄艮。

丁奇震，丙奇坤，乙奇坎，四吉中宫寄艮，休门乾，天柱坎，鬼金羊管局。

六爻无贵财山

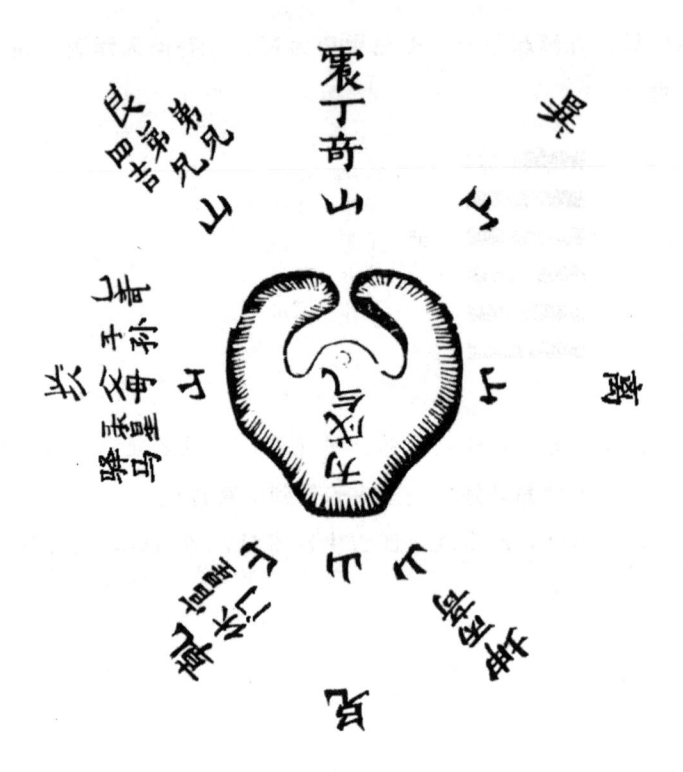

庚戌气戊戌龙

霜降下局，中宫起甲子，一坎甲辰为符头，卦得火天大有，属金，三爻室火猪持世。

上九	▬▬▬	应	己巳	官星
六五	▬ ▬		己未	父母贵人
九四	▬▬▬		己酉	弟兄
九三	▬▬▬	世	甲辰	父母
九二	▬▬▬		甲寅	财星
初九	▬▬▬		甲子	子孙

遁得甲子子孙到中宫寄艮，甲寅财星到离，甲辰父母到坎，己酉弟兄到中宫寄艮，己未父母贵人到巽，己巳官星到离。

丁奇艮，丙奇兑，乙奇乾，四吉离，休门巽，天柱坎，毕月乌管局。

六爻无禄马山

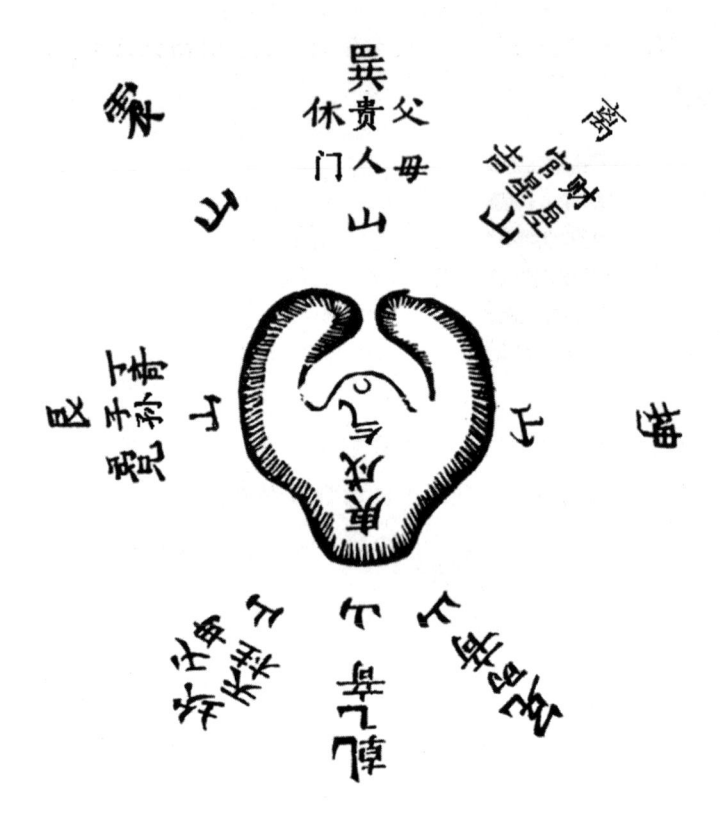

丁亥气正乾龙

立冬中局，离宫起甲子，七兑甲申为符头，卦得雷天大壮，属土，四爻箕水豹持世。

上六	▬▬ ▬▬		庚戌	官星
六五	▬▬ ▬▬		庚申	子孙
九四	▬▬▬▬▬	世	庚午	父母禄星
九三	▬▬▬▬▬		甲辰	弟兄
九二	▬▬▬▬▬		甲寅	官星
初九	▬▬▬▬▬	应	甲子	财星

遁得甲子财星到离，甲寅官星到巽，甲辰弟兄到中宫寄艮，庚午父母禄星到震，庚申子孙在兑，庚戌弟兄到艮。

丁奇震，丙奇坤，乙奇坎，休门震，天英坎，四吉离，柳土獐管局。

六爻无马贵山

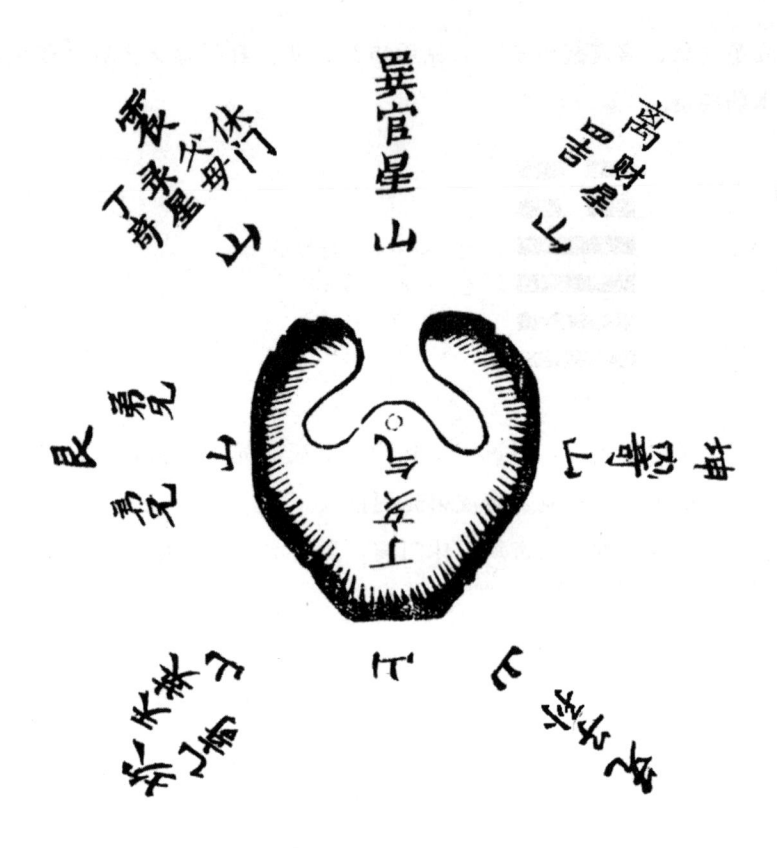

辛亥气正亥龙

小雪上局，中宫起甲子，一坎甲辰为符头，卦得地天泰，属土，三爻室火猪持世。

上六	▬▬ ▬▬	应	癸酉	子孙禄星
六五	▬▬ ▬▬		癸亥	财星
六四	▬▬ ▬▬		癸丑	弟兄
九三	▬▬▬▬▬	世	甲辰	弟兄
九二	▬▬▬▬▬		甲寅	官星贵人
初九	▬▬▬▬▬		甲子	财星

遁得甲子财星到中宫寄艮，甲寅官星贵人到离，甲辰弟兄一坎，癸丑弟兄一坎，癸亥财星九离，癸酉子孙禄官到中宫寄艮。

丁奇艮，丙奇兑，乙奇乾，休门震，天辅坎，觜火猴管局。

六爻无父马山

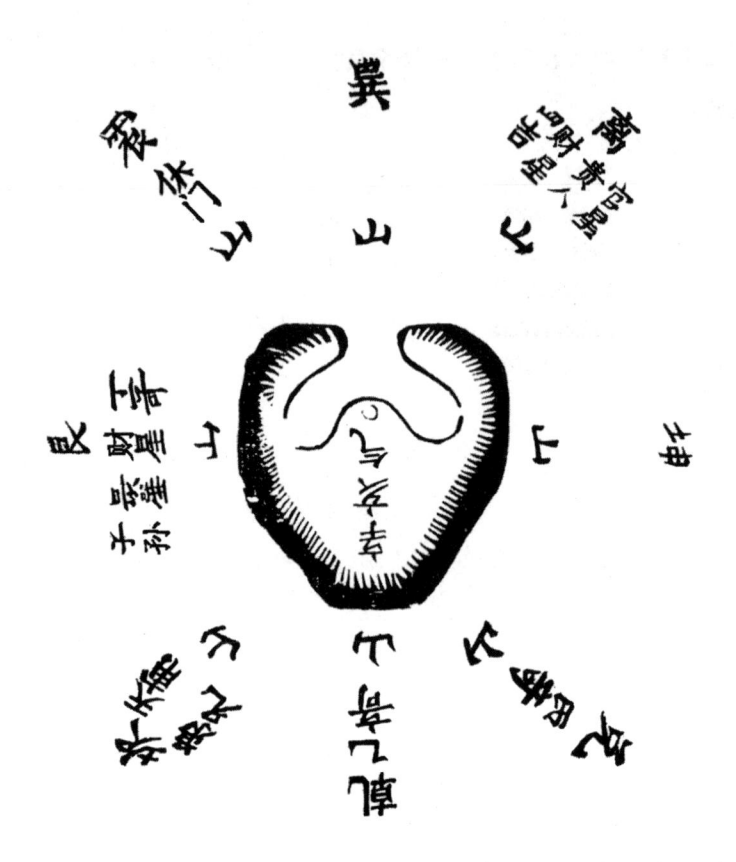

此乃六十龙透地，难以详列，只录丙子一旬，至丁亥，十二天干以为旺气穴；庚子一旬，至辛亥，十二地支为相气穴，共为二十四个珠宝。古圣云"葬乘生气"，即此谓耳。又云："坐下十分龙，纵少前砂亦富贵。"惟戊子一旬至己亥，壬子一旬至癸亥，甲子一旬至乙亥，此三十六龙，透地为孤虚煞曜，葬之为得地不得穴。圣人云："坐下若无真气脉，前面空叠万重山"，又云"十坟葬下九坟贫"是也。然此务观三奇，以定水局；看子父财官禄马贵人，以定吉砂；看金水日月，以定坐向。子父财官弟兄出于何地，收砂宫位，上有秀峰，主子孙聪俊，登科及第，世代富贵。学者取用，即在人盘中针参详，发福更有力。

六方位

山有三八，位只二四。二四重之，八卦斯是。一卦六爻，爻起浑天。子父财官，劫鬼位焉。故子山高则子孙旺，父山峙则田宅广。财山耸则金帛盈，官山秀则科甲显。劫凌则甚鬼欺，伤重更无生克。此天机妙断。

克我者官，我克者财，生我者父，我生者子，比和者兄弟。自立穴处细观，若官鬼方高过穴必富贵，低小则贫贱；妻财高过穴则妻美衾盛，低则不能丰厚；父母方高，则父子和睦，低小不睦；兄弟方高，则弟兄友爱，否则相仇。五者之外，又有长生方高旺秀则无疾多寿，低则游荡多疾色欲。六亲人丁，看子孙与弟兄之拱护。官职之大小，看官贵之高低。此先圣心授之法。

第十八层　纵针天盘 辨来去之水

夫天盘名曰"缝针"，亦与双山相合，前人论之。以龙向消去来之水，以辨休囚旺相之方，所以缝针与正针隔半位。正针者正对子午，名曰"地盘"，杨公制之。纳龙立向，则缝针与壬子同宫。丙午同宫为天盘，收水作用。赖公中针子癸缝中，午丁同宫，名曰"人盘"。古人传之，以为消砂，又名"挨星法"。

论选择以太阳到方到向，十二宫分野，十二次躔度。所以天地人三针，各自为用无穷。至于收水之法，其理多门，错乱无凭。参其中精微之理，不外净阴净阳。伏羲先天八卦，洛书之源。如乾南坤北，乃洛书戴九履一；先天离东坎西，乃洛书左三右七，皆得奇数，是为净阳。先天兑居东南，巽居西南，乃洛书二四为肩；先天震居东北，艮居西北，乃洛书六八为足，皆得偶数，是为净阴。

赖公所谓"万物之生，不生于一，必两"，奇遇奇、偶遇偶、奇遇偶、偶遇奇方美。不然，则非孤即寡，安能生育？务必立阳向，则喜阳水来，杂阴则凶；阴水来，立阴向，杂阳则凶。赖公净阴净阳之法如此，而廖公用辅星卦辨来水公位，其法大有深义，专以向上为主，就向起辅看去来之水，不拘生旺墓等法。总以水从天干放，不宜流地支，合吉则吉，合凶则凶。

有歌云："唯有辅星卦最位，古今水法此为先。贪巨辅武四吉星，破禄文廉凶莫占。乾坤坎离四阳定，震巽艮兑四阴判。已上九星合成八，一星一卦管自然。卦值吉星从吉论，卦遇凶星照凶言。若是吉星入阳位，凶神便入四阴前。凶星若游四阳内，吉便入阴不杂偏。但思一卦有数水，阴阳莫紊清切翻。乾纳甲兮坤纳乙，壬与寅戌离宫纳。坎癸申辰纳水音，十二宫水皆属阳。立向收水莫逢阴，艮纳丙兮巽纳辛。东震纳庚与亥未，西兑纳丁巳丑金。十二宫水皆属阴，阳水破局即凶星。翻得离宫贪狼值，其中寅戌与北壬。合断贪狼固是吉，四条岂无分别情。一翻上起下落兮，二翻下起上落提。三翻中起仍中落，四翻边起落齐。辅武破廉起从向，次将贪巨禄文移。初移左辅得官贵，慈恭孝友定可必。再移武曲富贵全，及第登科届寿眉。三移破军凶暴扬，投军家败少年毙。第四廉贞暴凶狂，横傲欺诈忤且逆。五移逢着贪狼星，生人孝友聪明奇。巨门第六吉星位，衣食丰足仓库积。第七禄存多狂妄，心性顽钝僧道尼。第六文曲好淫乱，虚诈颠狂多眼疾。"

余遵考先贤注解，编成一类，以醒后学隐秘难明之患，因录歌再解云："星卦相配成一胎，无差无错任君裁。先变乾卦掌中起，上兑下震小指排。无名指上坤与坎，中指巽上艮低徊。上离下乾归食指，一卦既定余翻来。"

且乾坤坎离属阳，乾纳甲，坤纳乙，坎纳癸申辰，离纳壬寅戌。十二宫属阳，地盘谓之十二阳龙。天盘纳水，谓之十二阳水。巽艮震兑四卦属阴，巽纳辛，艮纳丙，震纳庚。亥未兑纳丁巳丑，十二宫属阴。地盘谓之十二阴龙，天盘谓之十二阴水。凡有穴中看来水，阴水来立阴向收之，阳水来立阳向收之。

先圣云："阳向水来阳，富贵百年昌。阴向水来阴，富贵斗量金。"当用翻卦掌翻之，从向起辅、武、破、廉、贪、巨、禄、文以定之。如乙向就从坤宫起辅，坎上武，兑上破，震宫廉，离上贪，乾宫巨，巽上禄，艮宫文之类。余卦皆然。古圣云："不通易卦之变换，不足以言风水。"余特录此共识。而张九仪《水法吉凶论》，九星定序，贪巨禄文廉武修辅弼定位，从艮宫起。故罗经艮注贪，巽注巨，乾注禄，离注文，震注廉，兑注武，坎注破，坤注辅弼，以之审龙格之变换，砂体之方位，确不可易。此水法从辅起，其序则辅、武、破、廉、贪、巨、禄、文定位，而二十四向各从向起辅，依序定局。每一水路，皆有辅、武、破、廉、贪、巨、禄、文。值辅、武、贪、巨吉，值破、廉、禄、文凶。总之转移妙用，非言能罄。

杨公九星以论水之去来，故万水皆从天上来，以天盘收之，为在天之九星。廖公九星以论砂，故寻龙须向地中行，以人盘消之，为在地之九星。廖公九星：太阳、太阴、金水、紫气、天财、天罡、孤曜、燥火、扫荡。杨公九星。左辅、右弼、武曲、贪狼、巨门、破军、禄存、廉贞、文曲。

翻卦掌诀式

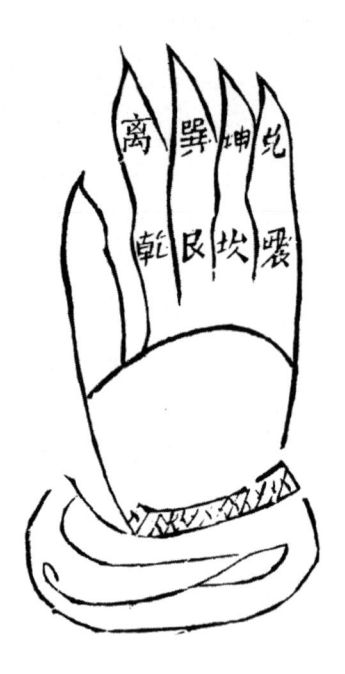

　　一子向上是真言，二子脚踏两头船，三子宫位何处立，孟白仲青季向前。

　　辅，武，破，廉，贪，巨，禄，文。上起下落，下起上落，中起中落，边起边落。

　　二十四位起向山，一掌翻来不用闲。局内卦爻颠倒用，水之祸福泄机关。

水法吉凶断[1]

辅弼水来最高强，房房富贵福寿长。辅弼水去退田庄，男夭女亡为孤孀。

此水朝来，房房发达，唯三房最盛，亡人尸骨洁净。

武曲水来发众房，世代为官近帝王。武曲水去血光死，男女离乡走外邦。

此水朝来，长晚房人口兴旺，子孙聪明。寅午戌亥卯未年，中房大旺，百子千孙绵远。亡人筋骨干净，紫藤盖棺之兆。

破军水来是凶神，先杀长子后杀孙。破军水去大吉昌，为官英雄近帝王。

此水朝来，先败长房，田地人财，官事牵连，出人凶暴，投军作贼，女夭男亡，子孙聋哑疾病，巳酉丑寅午克年应。残疾颠狂，少亡淫乱酒色。亡人骨骸黑色，木根绕棺，白蚁咬棺。

廉贞水来最难当，连年瘟瘴起祸殃。廉贞水去最为良，富贵荣华定一房。

此水朝来，大败长房，亡人筋骨入泥，口开头侧。左边棺椁木根穿，有底无盖，蛇鼠蚁虫作窠。子孙眼疾脚残，女产男亡，少年孤寡吐血。巳酉丑亥卯未年，中房退败，长房最凶且远。改之则吉。

贪狼水来照穴场，人丁千口发众房。贪狼水去好贪花，卖尽田地绝了家。

此水朝来，先发长房，后发众房，百子千孙。见官星早，即发科甲。若见田塘溪坑毛流小水，富贵迟来，亡人筋骨干净。巳酉丑寅午戌应。

巨门水来朝曲塘，儿孙世代主荣昌。巨门水去主离乡，卖了田地走外邦。

此水朝来，房房发达，多生贵子，亥卯未年应，百事兴旺。水去子孙

---

[1] 其法每从向上起辅、武、破、廉、贪、巨、禄、文。

九流，术人僧道，蝼蛄乌牛生白子。若是溪坑毛流细水，子孙享福无疆。

禄存水来败长房，长房人口定遭殃。禄存水去大吉昌，富贵荣华归长房。

此水朝来，先败长房，瘟火牛灾退败。女夭男亡，子孙聋哑。亥卯未寅午戌年应。若见田塘溪沟毛流水小，亡人尸骨入泥，十五年白蚁蛇虫咬棺，木根穿内。

文曲水来起高峰，出人少亡主贫穷。文曲水去生双子，田地家财次第隆。

此水朝来小五中房先败，家业冷退，女产男亡。子孙聋哑，懒惰颠狂。投河自缢，赌博淫乱。亥卯未巳酉丑年中应退败。若见田塘溪坑毛流小水，亡人尸骸入泥，十二年白蚁食棺，二十四年蛇鼠入棺木，根缠筋骨。

论水临位

贪狼临位永无灾，紫草生从脚下来。两面红颜由尚在，衣服恰似湛新裁。
巨门干净起灰尘，穴内祥烟紫气生。因此儿孙多富贵，出人清奇又超群。
禄存宫见水中来，翻棺倒椁最可哀。不信请君开穴看，其中泥水更生灾。
武曲朝来最为奇，儿孙金榜有名题。若见水来从吉位，钟鸣鼎食不须疑。
破军临位不堪言，竹木藤根绕棺缠。又主两头蚁虫聚，尸骨椁棺俱难全。
廉贞朝来蚁虫多，蛇鼠穿棺自作窠。尸骨损伤多黑烂，众房子孙受磋磨。
文曲星官事若何，流来穴前泥水多。更生两头泥水聚，定知白蚁结成窠。
辅弼临位映穴场，富贵悠久百事昌。房房均发无克损，亡人精杰紫气香。

论天地定位四方所收之穴①

如乾山行龙，从乾数之，至丙十五数，丁水来立丙向，进三位是丁，丙水来立丁向，艮纳丙，兑纳丁，山泽通气，定位于南方。

如艮山行龙，从艮数之，至庚十五数，辛水来立庚向，进二位是辛，庚水来立辛向，震纳庚，巽纳辛，雷风相薄，定位于西方。

如巽山行龙，从巽数之，至壬十五数，癸水来立壬向，进二位是癸，壬水来立癸向，离纳壬，坎纳癸，水火不相射。定位于北方。

如坤山行龙，从坤数之，至甲十五数，乙水来立甲向，进二位是乙，甲水来立乙向，乾纳甲，坤纳乙，天地定位于东方。

论驿马水

申子辰马到寅，

阳见阳，辅星为巨门。

寅午戌马居申，

阳见阳，亦为巨门。

巳酉丑马在亥，

阴见阴，辅星为武曲。

亥卯未马在巳。

阴见阴，亦为武曲。

---

① 非良德之家，不可轻点。

论相刑 阴破阳，阳破阴

寅刑巳，巳刑申，为无恩刑。子刑卯，为无礼刑。丑刑戌，戌刑未，为恃势刑。

以上犯之，主徒流、斩绞、祸败之验。

论相穿六害

子未　丑午　寅巳　申亥　酉戌　辰卯。

阴阳破局，一名独火煞，又名冰消瓦解。水来犯之，主消财耗亡，甚为可畏。

桃花煞[1]

亥卯未，鼠子当头忌。

木生在亥，败在子。故忌鼠。

巳酉丑，跃马南山走。

金生在巳，败在午，故忌马。

此二局皆净阴，子午阳水来破，即为桃花水。若卯酉合局不忌。

申子辰，鸡叫乱人伦。

水生在申，败在酉，故忌鸡。

寅午戌，兔从茆里出。

火生在寅，败在卯，故忌兔。

此二局皆纯阳，卯酉阴水来破，即名桃花水。若子午合局不忌。

---

[1] 即四生败地破局水。

内盘立向

向之宜兼不宜兼者，如戌乾、壬子、子癸、丑艮、寅甲、乙辰、巳丙、丁未、坤申、庚酉，皆彼此互相可兼，水路之可双流者亦然。内有午卯亥辛四向，不可相兼。

如辛戌、乾庚、亥壬、癸丑、艮寅、甲卯、辛乙、辰巽、巽巳、丙午、午丁、未坤、申庚、酉辛，皆彼此不可相兼，水路之不可双流者亦然。内有巽巳酉辛，八煞所忌。

凡此不可相兼之向，犯之则独子与三子受殃，人皆暗中被害而不知。今将注明，以免相兼之误。若左边犯之，则仲房受害；右边犯之，则孟房受害。水路流来亦然。

先天八卦消爻煞，以坐山来龙论水口，坐山消水口则吉，水口消坐山来龙则凶。主子孙官非，退财败绝速应。

乾甲壬消兑丁山，兑丁消震庚山，震庚消坤乙癸山，坤乙癸消艮丙山，艮丙消巽辛山，巽辛消乾甲壬山。

后天灭爻煞[①]

乾甲壬灭艮丙山，艮丙灭震庚亥未山，震庚灭离山，离寅戌灭乾甲壬山，坤乙癸灭巽辛山，巽辛灭兑丁巳丑山，兑丁巳丑灭坎申辰山，坎申辰灭坤乙癸山，乃后天卦破先天卦位。

---

① 吉凶与前同论。消者穷，灭者绝。

收水纳宫位

先贤小地先看山，次看水。穴虽在山，祸福在水。点穴之法，以水定之。水动为阳，山静为阴。故山为妇，水为夫。妇从夫贵，水之应验速。如砂有关于二宅之兴衰，得水为上。穴中见左右前朝，先从发源现眼处纳宫位到堂。或三沟俱是阴水，立阴向以收之；或三四沟尽是阳水，立阳向收之，乃为成局。或一沟阴水，谓之四中失一，无妨。水总以发源处为的，过宫水不必论。以一概阳水立阳向，即为破局，万不可阴阳相杂。而水去宜流天干，莫放地支。先圣云："万水尽从天上去，寻龙虽向地中行"，又云："山与笔笏好装挂，水去之玄莫问方。下砂收尽源头水，儿孙买尽世间田。"

分合泥水断

直硬不开銼者孤阴，平坝无化生头者孤阳。无包裹无分合者，主有泥水。并连落风者，先泥后水。漏胎者，先水后泥。撞脉者，先泥后水。脱脉者，先水后泥。左缺右生，右缺左生。打破太极图，泥水便进棺。若深葬杳杳无盖，若浅葬底先穿。赤天带气生白蚁，必有木根。仰瓦筲箕真泥水，断爓乘风水湿泥。漏胎风荡烂板骨，龟头鹅颈主孤残。有分无合一板水，有合无分一板泥。

论放水

乙辛丁癸神名小，辰戌丑未小神表。甲庚丙申号中神，子午卯酉中神照。惟有乾坤艮巽方，寅申巳亥大神当。四维八干流皆吉，若放支辰起祸殃。富贵贫贱在水神，水是山家血脉精。山静水动昼夜定，水主财禄山主人。是水流归东大海，唯有巽宫有去来。第一识龙要识穴，海里寻珠为上诀。第二要识面前砂，断人祸福定无差。第三要识九宫水，断人祸福灵如鬼。稍有祸福砂水断，贵贱还须龙上看。

水法吉凶歌

收山出煞有何功，破禄廉文要坐空。贪巨辅武收入穴，何愁大地不相逢。

七曜歌

大墓是破军，绝胎是禄存。养生贪狼位，沐浴冠带文。武曲临冠旺，逢衰是巨门。廉贞兼病死，七曜一齐分。

《原真》一书，水法总以双山，三合以水口为定向。至于四局，四十四图，八十八向，余已编成歌诀，以俟学者便览易识。

火局：寅午戌丑正出乾，乾亥庚酉放辛边。亥卯未壬出壬位，再变乾亥出乾元。

木局：亥卯未戌正出坤，坤申丙午且放丁。辛子庚辰放庚上，再变坤申正出坤。

水局：申子辰未正出巽，巽巳甲卯出乙定。乙酉丑丙放出丙，再变巽巳出巽顺。

金局：巳酉丑辰正出艮，艮寅壬子癸宫问。寅午戌甲放出甲，再变艮寅正消艮。

详论八干行龙四局[①]

西南丁庚行龙，系巳酉丑金局。金生巽巳，沐浴丙午，至养乙辰，万水俱从丑位上出。《水口经》云："斗牛纳丁庚之气。"解曰："丙以丁嫁于庚，丁为妇，庚为夫。庚金生巳旺酉，丁火生酉旺巳，同库在丑。夫妇正配，夫唱妇随之义。合成金局，方有结作。"

东北癸甲行龙，系卯未木局，木生乾亥，至养辛戌，万水俱从去口出。《经》云："金羊收癸甲之灵也。"解曰："壬以癸嫁于甲，甲为夫，癸为妇。癸水生卯旺亥，甲木生亥旺卯，同库在未，得夫妇正配之义。合成水局，方有结作。"

西北辛壬行龙，系申子辰水局，生坤申，养丁水，万水俱从辰位出。《水口经》云："辛壬会而趋辰也。"解曰："庚以辛嫁于壬，辛为妇，壬为夫。辛金生子旺申，壬水生申旺子，同库在辰，得夫妇正配，夫唱妇随之义。合成水局，方有结作。"

东南乙丙行龙，系寅午戌火局，生艮寅，养癸丑，万水俱从戌位出。《水口经》云："乙丙交而趋戌也。"解曰："甲以乙嫁于丙，乙为妇，丙为夫。丙火生寅旺午，乙木生午旺寅，同库在戌，得夫妇正配，夫唱妇随之义。合成火局，方有结作。"

使作用者，须知出脉分水，随龙左右，定三合过峡，入首八干理气，方谓通窍。若穴场墓前，必以向山净阴净阳纳水定向为要领。

八干生死歌

阳生阴死，阴生阳死。阴阳生死，堪舆秘旨。皆生皆死，不生不死。错乱生死，其祸立至。出得生死，太罗仙子。

[①] 合龙通窍阴阳配合夫妇同库之源。

辅星水法

直推横看	纳甲子支来水同八卦推	辅	武	破	廉	贪	巨	禄	文
乾向	甲同	乾	离	艮	巽	坎	坤	震	兑
离向	壬寅戌同	离	乾	巽	艮	坤	坎	兑	震
艮向	丙同	艮	巽	乾	离	震	兑	坎	坤
巽向	辛同	巽	艮	离	乾	兑	震	坤	坎
坎向	癸申辰同	坎	坤	震	兑	乾	离	艮	巽
坤向	乙同	坤	坎	兑	震	离	乾	巽	艮
震向	庚亥未同	震	兑	坎	坤	艮	巽	乾	离
兑向	丁巳丑同	兑	震	坤	坎	巽	艮	离	乾

天盘缝针式

辅武贪巨，四水朝来，是阴见阴，阳见阳，合局吉。

破禄文廉，四水朝来，阴见阳，破局凶。

十二白同乃阳，十二黑点属阴。

湾钩兜转冲射解照八字诀

湾者之玄，九曲是也。有去有来，皆宜吉位。虽位凶方，亦无大害。《经》云"水到之玄莫问方"是也。最忌反背无情。

钩者，或去或横过，有砂钩回曰钩。亦宜吉位，凶位亦有祸福。

兜者，元辰水去，而前砂兜之便住，多见发财。但属凶方，亦生凶祸，房分之应。最忌逆胎反兜，不吉。

转者，水过去而复转回，或过去而成旋转者皆是也，有吉凶房位之应。转而有情，多吉少凶。最忌背穴逆胎。

冲者，来水横冲其穴是也。大冲小冲皆不吉，不论方位之吉凶，但以方位验灾过之大小、房分之长少也。

射者，直来之水，向穴箭射之谓。大射小射皆不吉，须以方位之吉凶，分辨祸之大小，与房分所属之应。

解者，凡高大水来，盖着低小之水，曰解。有吉水解凶水者，则凶可化吉。凶水解吉水者，则吉亦成凶。或水高来，穴低见，亦谓之解，须辨吉凶方位。

照者，凡池塘坑坎水缸之类，常积水而不干者，皆可照之。有吉有凶，须要近宅照见方验，如有遮隔不验。假如水积于戌乾位上，照了阳宅，则蚁从巽方生起，盖照从对宫生蚁也，百无一失。余仿此。

凡宅墓前乾流元辰水，最关祸福。或陡泻，或直出，或流入凶位，灾祸立见。术家有法拆之，以位空五行，生旺休囚为主。参合杨公七十二龙水法，兼避木星局、燥火方，阴山放阴水，阳山放阳水，自小神流入中神，中神流入大神位，须从天干方位放出为妙。总以《象吉》二十四山所载，放水方道门路为准。

孟白仲青季在前，午水长利，壬水中利，寅水季利。

来水出口进堂照穴流来，俱以佇立穴前，眼之所见为主。纳宫位、过宫水不必论。

新订王氏罗经透解卷二

夫地理之道，阴阳原自有准，祸福亦不差移。昔黄帝造历书以定岁月，命大挠作甲子，以配纳音。七政齐乎虞舜，八卦兆自伏羲。指南定方隅之位，河洛泄天地之奇。地脉钟山川之秀，佳期夺日月之精。包罗万象，道合乾坤。古圣先贤，毫无根出，惟真龙确穴而应。将相无种，因吉地而生；地理一贯，可知人间祸福。真义精而理微，原录诸书，以昭明于同学焉也矣。

第十九层　秘授正针二百四十分数

　　盖二百四十分数，其义出于洛书化四象，纵横十六个十五数。洛书戴九履一，左三右七，二四为肩，六八为足，五居其中。化为四象，四象化一百二十分。太阳居一而连九，四九三十六数；太阴居四而连六，四六二十四数，共成六十分。少阳居三而连七，四七二十八；少阴居二而连八，四八三十二，共成六十分。凑成一百二十分，为分金之源，两边共合二百四十分金。纵横十六个十五数，合成二百四十数，二十四山，每山皆得十分。

　　洛书一九合十，二八合十，三七合十，四六合十，比分数见于二十四位，以作纲领也。再参一百二十分金，每分金管二分，合之平分六十龙，共合二百四十分，为数之节目也。用此法以论龙，如甲子透地，本龙得四分之数，居中为主；左右添足三分，两个三兼四，凑成十分之数。却得七分在壬，三分在亥，所以甲子透地为七壬三亥。

　　此法坐穴，如子山午向，丙子分金，则本位分金得二分之数为主，左右各添足四分，两个四兼二，凑成十分之数。却得八分在子，二分在壬。如前子山架丙子分金，为八子而兼一壬。余仿此。三七二八之数，唯盈缩六十透地，及七十二穿山，一百二十分金，相为表里，为分金之源也。

二百四十分式

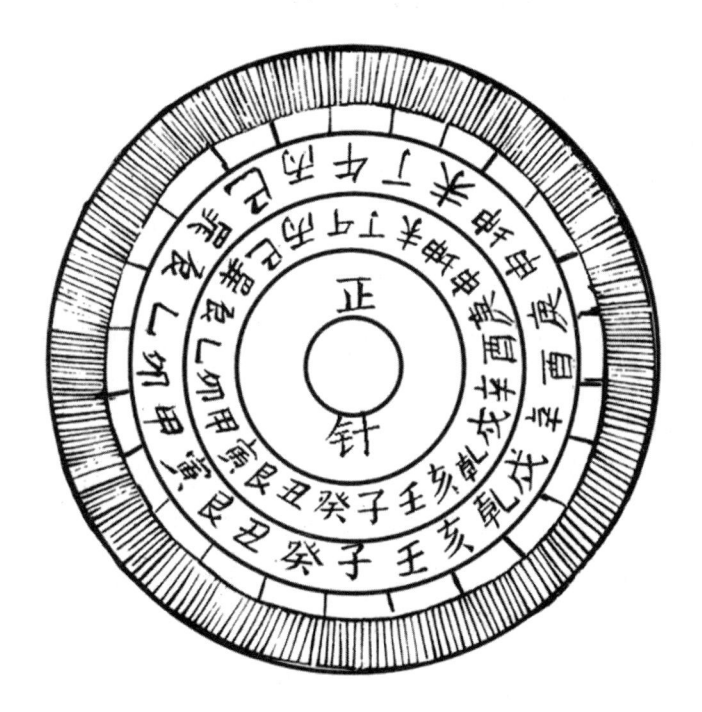

此洛书纵横十六个十五数，共二百四十分，每山之数十分。

共二十四山，一山得十分，每山分金，兼二分为二八加减，兼三分为三七加减。

第二十层　分金合内地盘 _{为二八加减}

　　分金之说，先圣言之详矣。"先将子午定山岗，却把中针来较量。更加三七与二八，莫与时师道短长"。内盘二十四山，名曰"正针"，又名"地盘"。内盘布振，八方定位，应岁月节候。较外盘子午之位，乃先内盘子午半位，曰"天盘"，曰"缝针"，又名"从针"，此天气当从左转。而此盘之法，因天气当先前半月，然后地物始应，故天盘之子，率地盘之子。前半位应天道运行之变，为加减之用，所以洛书纵横十六个十五数，共得二百四十分。

　　如子午缝中，每边一百二十分金，专用作穴定向，每亥分金有五，吉凶不一。如亥山一宫，有乙亥、丁亥、己亥、辛亥、癸亥之别。内盘丁亥分金为二八，外盘庚戌分金为三七，是亥山兼壬二分，乃辛亥分金。二八之说，在此为用，所谓兼加之法也。取丙丁、庚辛为旺相，谓分金合得七十二龙穿山，卦值九六冲和，为得卦之法也。每支之下，有五个分金，独取丙丁为旺，庚辛为相，避甲乙为孤，壬癸为虚，戊己为煞曜。正针分金不合，参合缝针为三七加减之用。

　　若配卦一端，则以六十四卦中，除去坎离震兑四正，为阴阳对待，名"五行沐浴败地"，坐向所忌。将六十卦分配六十甲子，以颐、孚、复、屯、谦为序，重之为一百二十分金之卦。查其卦之飞伏，以备选择乘气二者之用。况三七二八其说，乃四少之数，阴阳生长之机。四少者三七为少阳，二八为少阴。三为少阳位，七为少阳数。二为少阴位，八为少阴数。

　　如子山午向，兼癸丁三分在内。地盘庚子、庚午分金，为二八加减。外挨天盘子山午向，兼壬丙三分。丙子、丙午分金，为三七加减。丙丁、庚辛，俱为生旺之气，上下孤虚，遁甲不得相浸。至于架线，必于三七二八之间，内外两盘，兼参作用，缝针一百二十分金为偏正，不使稍犯差错空亡、孤虚遁甲，其用最神。

　　总之，一百二十分金，中间空亡二十四分，避遁甲空亡二十四分，为鬼煞二十四分，仅得旺相三十六分，金卦两全十二分，取丙丁旺，庚辛相，共四十八分，为吉穴；避甲乙为孤，壬癸为虚，戊己为煞曜，共七十二分，为凶穴，其用总取三七二八分金作用。

分金穴刹煞歌

亡命属金须忌火，火命尤忌水相关。木命逢金君更忌，水命逢土不自安。上遇水音最可畏，犯之灾祸实难当。逢生生处须堪取，受克分金灾终缠。

内盘分金式

此为二八加减。

此二层分金，在先天十二支中取义，每支有五，避去孤虚煞曜空亡不录，上载旺相二宫。

第二十一层　合外天盘分金 为三七加减

二十四山兼加乘气，架线分金，以上分毫不可阴阳差错。先圣云："亥无鳞甲用心安"，言亥龙入首，左壬右乾，不可侵犯。宜乘本龙真气，入穴于亥之正中，坐穿山，己亥为戊己煞曜，宜偏一线，乘右丁亥气；或偏左一线辛亥气。若兼左之癸亥一分，是壬龙之步位，从亥龙取论也。兼右边乙亥，虽在乾之步位，乾半位近亥，乾亥共一家，故《催官篇》云："天皇气射天厩星，微挨禽兽加壬行。"天皇，亥也。天厩，壬也。言右落亥龙，扦乾山巽向，左耳乘气在亥，三分壬气，不得侵棺，为隔山取气法也。

外盘分金式

此为三七加减。

内盘克命用外盘,外盘克命用内盘。

第二十二层 定差错空亡

夫孤虚煞曜，差错空亡，共一百二十甲子分金，内有四十八位为旺相，又有七十二个为孤虚煞曜，毫发不可犯用，凡架线最宜细心力避之。

凡察龙气坐穴，加减之用，其间并明暗沟头撞命煞，星曜黄泉，蟠行布气，推本山禄马贵人到山，挨加三七二八相同于内盘。若克命克龙克穴，以外盘三七为用。

分金孤虚旺相煞曜式

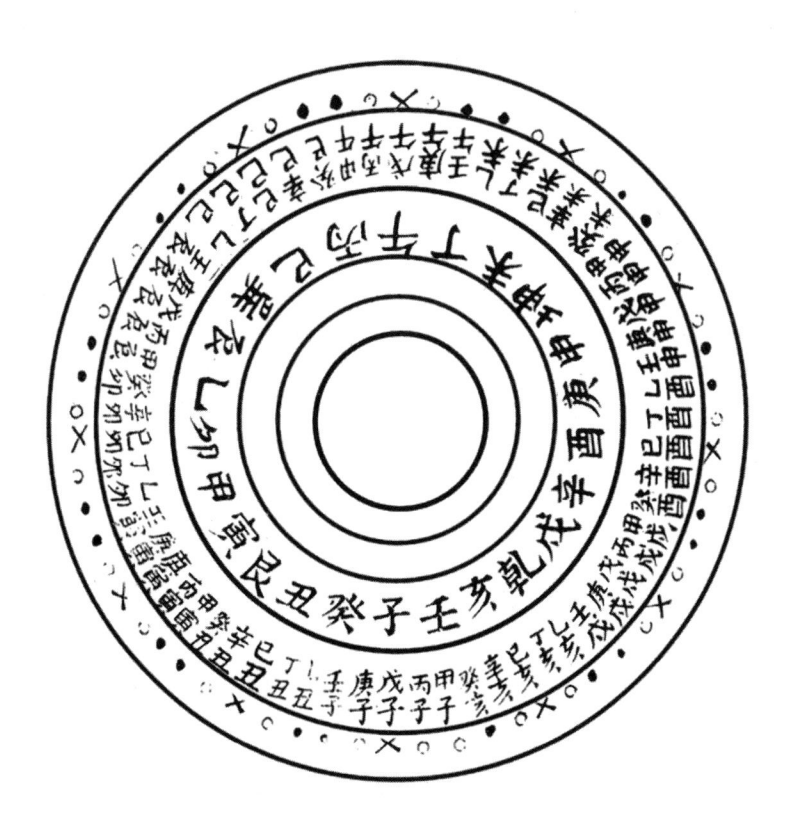

第二十三层　分金为地元_{归藏配分金为外卦}

地元归藏分金，即先天坤之元气，属右行。坤为地，故曰"地元"。

帝出乎震，震主动，动即气也。气即是乾。天一阳生气，乾交于坤，合成地雷复。五阴爻坤土在上，一阳爻乾金在下，谓之"重土埋金"。《易》曰："坤以藏之。"万物土中生，土而入金，为戊己土之子孙。戊己专分方，作土之主，能分派金子，故谓之分金。

一阳生于子月，至巳月六阳，则乾之体备，阳为春夏长养之用，已极矣。然阳极则阴生，而继之天风姤。阴生于午月，至亥月六阴，则坤之体备。阴为秋冬肃杀之气，已极矣。阴极则阳生，而继之以复。乾以六阳，交感亥之六阴，则万物之始于壬。

乾坤为八卦之祖，而戊己为五行之宗。故十一月冬至，一阳生于子，乃地雷复，为"坤逢雷地现天根"，以配戊子龙。二阳生于丑，为地泽临，以配己丑龙。三阳生于寅，为地天泰，以配戊寅龙。四阳生于卯，为雷天大壮，以配己卯龙。五阳生于辰，为泽天夬，以配戊辰龙。六阳生于巳，为乾为天，以配己巳龙。则六阳纯全，而为阳气阖，万物生于春而长于夏也。

至五月中气，夏至一阴生于午，乃天风姤，为"乾遇巽时为月窟"，以配戊午龙。坤之六阴，遇乾之六阳，天地交泰，自然品物咸亨，彰明五月间也。二阴生于未，为天山遁，以配己未龙。三阴生于申，为天地否，以配戊申龙。四阴生于酉，为风地观，以配己酉龙。五阴生于戌，为山地剥，以配戊戌龙。六阴生于亥，为坤为地，以配己亥龙。则六阴纯全，而为阴气辟，万物所以成终也。

盖阴阳之气，始于春而成于冬，故地元归藏，以配分金之源。先后从戊配丁，皆以戊己轮配。总之乾坤至理，不外先天八卦；造化大权，不离戊己。所以五行妙用，管摄花甲之要；八卦五行，歧而为二矣。先贤以六十卦配六十花甲，统于戊己，其法备而大要明矣。

圣人云："得金不得卦，谩自空谈话。得卦不得金，空自苦劳心。"如一百二十分金，取得旺相为得金；先天卦，遇九六冲合为得卦，必金卦两得，斯为尽善尽美。且星卦有六十四卦，除去坎离震兑四正卦，应以春夏秋冬，一卦六爻，四六二十四爻，管二十四气。以上六十卦，一月五卦，一卦管六日，六六该管三百六十日，以应一年七十二候之气。在年管年，在月管月，在日司日，在山管山。

至于作用，则有二法，与我朝钦天监造《时宪历》，不离罗经者也。比一年，即太极也。冬至夏至，即两仪也。春夏秋冬，四象也。八节，即八卦也。二十四气，即二十四山也。七十二候，为七十二龙也。五运为五行，即金木水火土也。六气，为六十龙透地也。三百六十五日，为周天三百六十五度也。去岁三十夜，对今春三十天为一年。去年冬至，对今年冬至为一岁也。凡业术理，龙穴砂水，未有舍此三十六层。与人造福，宜细玩之。

分金地元归藏卦式

　　此盘从合地元归藏而出，分金为外卦，殷得地统，《易》以坤为首。坤为地，言万物藏还乎中也。

第二十四层　纳音五行

　　盖纳音之义，从十天干十二地支。阴阳二卦，相配而成六十。其中列五行，则本乎八卦纳甲而取。除乾、坤二卦不用，其余震、兑、艮、巽、坎、离诸卦，各以纳音之支，合卦下所纳之支；而纳音之干，数之至本卦纳气之干，记得其数，九木，七金，五水，三火，一土。

　　如甲子纳音金，其法纳音子，合震卦所纳之子，以纳音之甲，数至震卦，此纳庚得七数为金，故甲子所以属金。而曰"海中金"者，以子乃水之旺，而与丑土相依，子为湖海之象，而金孕育丑土之中，故名"海中金"。而九木、七金、五水、三火、一土之数，又是一说。

　　如乾兑二卦属金，二卦七画，故七数为金。震巽二卦为木，共九画属木。坎水卦，共五画为水。离卦四画，火气忧其太盛，泄一生土，用其三为火。艮坤二卦属土，共十一画。然后五行生成之数，只足于十，而无十一之数。除去十数，只用一数，所以一土。亦从八卦纳甲，其义最精，其用至广。均与透地穿山，论龙立穴，分金禽度，取生克用制化，以辨吉凶。

　　或用之消纳砂水，并阴阳克择，合先天平分六十分金。论本音，稽其宫位生克旺相休囚何如。丙子水音，分在子宫，此和为旺。戊子火音，子宫受克为囚。合之坐穴，论消纳。如丙子水音坐穴，宜未申亥子，养生穴旺之方，合之二十四山，一百二十分金取论。宫与音，生旺相休囚之别，亦与前先天六十分金取用之法则同。合之透地主龙，如丙子水音，龙不宜坐土穴，分金亦不宜坐土度，受克之类。宜水气坐穴，分金禽度比和，金气生我，俱为上吉。

　　或我火气为财乡，合之管局禽星，以论生克。如透地丙子水龙，室火猪管局，禽星受克已甚，更不宜坐水度以重伤之类。如用之选择，遁墓运生克。如子山水气，逢甲己年，变戊辰木运，忌金年月日时，为克山之类。如用葬命甲申水音，忌一百二十分金中土音，为刺穴杀之类。壬申金命住宅，忌火音分金，为宅刺杀，主命不利。亡命甲子金音，忌空亡火音克金之类。取用多端，各宜避忌，慎之慎之。

生克制化歌 论山克亡命

路傍城头与壁土，三土原来怕木冲。
外有三般不怕木，一生清贵步蟾宫。
沙中剑锋两般金，若居震上便相侵。
外有四金须忌火，剑沙无火不成形。
水见天河大海流，二者不怕土为仇。
外有数般须忌土，一生衣禄必难求。
松柏杨柳桑柘木，石榴大林忌金刀。
惟有坦然平地木，无金不得上青云。
覆灯炉火共山头，三者原来怕水流。
外有三般不怕水，一生衣禄近王侯。

纳音五行歌

甲子乙丑海中金，丙寅丁卯炉中火。
戊辰己巳大林木，庚午辛未路旁土。
壬申癸酉剑锋金，甲戌乙亥山头火。
丙子丁丑涧下水，戊寅己卯城墙土。
庚辰辛巳白蜡金，壬午癸未杨柳木。
甲申乙酉泉中水，丙戌丁亥屋上土。
戊子己丑霹雳火，庚寅辛卯松柏木。
壬辰癸巳长流水，甲午乙未沙中金。
丙申丁酉山下火，戊戌己亥平地木。
庚子辛丑壁上土，壬寅癸卯金箔金。
甲辰乙巳佛灯火，丙午丁未天河水。
戊申己酉大驿土，庚戌辛亥钗钏金。
壬子癸丑桑柘木，甲寅乙卯大溪水。
丙辰丁巳沙中土，戊午己未天上火。
庚申辛酉石榴木，壬戌癸亥大海水。

纳音五行式

纳音从先天八卦，除乾坤大父母不数，凡天干值子午丑未，在震巽二卦推论；酉卯寅申，在离坎二卦推论；辰戌巳亥。在艮兑二卦推论。

第二十五层　十二宫分野

世人但知食禄有方，不知亦为风水所致。假如一地或龙身，星峰耸秀，砂水清奇，查其宫位系何方，便知食禄获利归于何地。如辰宫则为郑分兖州地为官，定食此州之禄。此砂水应验，毫厘不爽。且十二宫分野，各有所属。古今州郡异名，昔之国郡，今改各省府州县，故分野不同，当考《大清一统志》可知。

十二宫分野二十八宿歌诀

角亢氏半辰属郑，宋房心中卯宫游。尾火箕水燕寅位，牛金斗木丑吴流。女虚危当齐子地，室壁须知亥卫收。奎娄两宿躔鲁戌，胃昴毕赵酉宫求。觜参申位为晋界，排来井鬼未秦州。柳星张半周分午，楚地翌轸巳蛇头。

唯子午卯酉四正之宫得三宿，余宫得二宿；而星房虚昴四日宿，谓之中星。

十二宫分野州府定位

盖龙之大干，皆发于昆仑，上方下圆，周围一万二千七百里；脉出八方，分四大部州。乾坤坎离兑，五龙入外国，东胜神州、西牛贺州、北俱卢州；唯艮震巽三龙入中国，乃南赡部州，名三大干龙。黄河居震艮之中，黄河之左。山西、北直、山东、山西、半河南，皆艮龙之脉。甘肃、四川、陕西、长安、湖广、两江、洛阳、开封，皆震龙之脉。云南、贵州、福建、广东、广西、江西，皆巽龙之脉。此三大干龙也。以十二宫分属州府，则子宫古齐分青州，在山东；丑古吴越分扬州，在浙江、江西、福建、广东；寅古燕分幽州，在北京；卯古宋分豫州，在河南大梁东京；辰古郑分兖州，在鲁地山东；巳古楚分荆州，在广西、湖广；午古周分三河，在河南洛阳、湖广；未古秦分雍州，在陕西、河南；申古梁晋分益州，在四川、贵州、贵阳；酉古韩赵分冀州，在北京山西、西京；戌古鲁分徐州，在宋地河南；亥古魏卫分并州，在北京及河南朝歌。

州府分属

京师分盛京幽州燕山顺天府，南京金陵分安徽应天府，浙江扬州杭州府，河南豫州开封府，江西扬州南昌府，福建闽越福州府，湖广分湖南荆州武昌府，广东百越广州府，广西百越桂林府，山东青兖州济南府，山西冀州太原府，陕西分甘肃雍州西安府，四川梁州成都府，云南梁州云南府，贵州罗施鬼国贵阳府。

四大名山

昆仑山，须弥山，终南山，天台山。

天下五岳

东岳泰山，在山东济南府泰安州；西岳华山，在陕西西安府华阴县；南岳衡山，在湖广衡州府衡山县；北岳恒山，在山西大同府浑源县；中岳嵩山，在河南河南府登封县。

天下五湖

饶州之鄱阳，在江西康府；岳州之青草，在湖广岳州府；润州之丹阳湖，在江南镇江府；鄂州之洞庭，在湖广岳州府；苏州之太湖，在江南。

八卦分野歌

一坎冀州山西道，二坤湖广是荆州。
三震山西山东界，四巽徐州是南州。
五中豫州河南地，六连乾上陕西城。
七兑梁州云南界，八艮山东孔圣门。
九离江西连福建，九州八卦定乾坤。
南赡邵州中华地，五岳五湖其中分。

十二宫分野式

外三十六洞天，七十二福地未录。

第二十六层　二十八宿躔分野度

计其分度，角十二度，亢九度，氐十五度，房五度，尾十八度，箕十一度，斗二十六度，牛八度，女十二度，虚十度，危十七度，室十六度，壁九度，奎十六度，娄十二度，胃十四度，昴十一度，毕十六度，觜二度，参九度，井三十二度，鬼四度，柳十五度，星七度，张十八度，翌十八度，轸十七度。已上分野仅于十二宫上，安二十八宿度数。

二十八宿分野式

第二十七层　逐月节气太阳过宫

太阳为诸星之首，众煞之君，象悬于天，光照于地。选择查其到某山某向，分金某度之下，诸煞咸服，但不为人造福。

用法有四：如太阳到临壬，木将照亥，谓之迎其将来，为正照也；到亥对照在巳，谓之从向对坐，为之对照也；亲临本山之下，谓之亲照也；亥卯未、寅午戌、申子辰、巳酉丑，三方吊合，谓之吊照也。太阳到亥。则壬乾二山。谓之隔照也。

凡论过宫，只论中气，不论前节。如正月十二日雨水，日躔娵訾之次，月将则属登明，太阳方到亥宫。又分位先十五日在亥，次十五日惊蛰到乾。太阳行度，只有十二位，而罗经中有二十四向，所以用赖公中针人盘，亥壬同宫，戌乾同宫，是每分度之多寡。

子宫自女八至危十五，共二十九度，为玄枵之次。亥宫自危十六至奎四，共三十二度，为娵訾之次。戌宫自奎五至胃六，共三十二度，为降娄之次。酉宫自胃七毕十一，共三十二度，为大梁之次。申宫自毕十二至井十五，共三十度，为实沉之次。未宫自井十六至柳八，共二十七度，为鹑首之次。午宫自柳九至张十六，共十八度，为鹑火之次。巳宫自张十七至轸十一，共三十三度，为鹑尾之次。辰宫自轸十二至氐四，共三十三度，为寿星之次。卯宫自氐五至尾九，共三十二度，为大火之次。寅宫自尾十至斗十一，共二十九度，为析木之次。丑宫自斗十二至女七，共二十七度，为星纪之次。

今按古时历度数，天道八十年一小变，敬考我朝时历躔舍，方为准的。太阳到山论一年月日时，选择之用也。每用取四大吉时，为神藏煞灭。正四七十月，宜用甲庚丙壬时。二五八十一月，宜用乾坤艮巽时。三六九十二月，宜用乙辛丁癸时，为贵人登天门。然一日之用，何谓登天门？博诸通书，内载阴阳贵人登天门。以登明月将在亥，亥与乾同宫，乾为天门，正月登明将在亥，二月河魁将在戌，一月一位，右旋一周天。

只用四维乾坤艮巽时,八干甲庚丙壬乙辛丁癸时,谓之"四大吉时",四刻之位。凡取贵人,必尊太阳过宫到位,方为有力。太阳为君,诸吉神为臣。用此四刻,得太阳诸吉聚临,君臣庆会,故为"贵人登殿"。到八干四维,乃太阳宫舍,即为天门也。而七十二候内,干维十二位,谓之宫舍,如行临宫舍之类。太阳月将降临,如众臣巡到,施德布威,凶恶皆避。凡四大吉时,每年地支三合诸煞,遇此时刻皆没。凡取天干时者,如子时上四刻,亥末正三正四,即壬初一初二刻,为四大吉时。比此一时,余类皆同。

总之凡取时宜看每年时历,某日某时躔舍过宫为用,毫不差矣。取太阳到山,则一月之用,月将临日,取时则一日之吉临时。

余考罗经,载有五层。一层先录二十四气,二层内载登明十二将,三层内载娵訾十二神躔舍,四层中则有亥宫初起,为双鱼十二宫舍。宫舍者,如太阳月将过宫;太阳者,人君之象。月将十二星次,若群臣辅君,则一月中气移宫。宫舍者,如馆驿安居,君臣之舍也。此层亦不可少。取用五层,内用二十八宿过宫,则知某日某刻,太阳临宫躔次。考古来罗经未录言,则天道未有不改之历。查其时授历之度数,则有差移,时师览《时宪历》可知。

然二十四气太阳到山躔度,总以中节为定,雨水至春分。又参考古今历数不同,天时随时损益,并考《统天》《开禧》《会天》《授时》四历,①四变不同,因天道八十年一小变。如邵子之差法,以冬至之子为历元,古载牛宿二度。宋神宗时,载牛宿七度。大清初时,载箕宿六度。今时冬至太阳过宫,载箕宿三度半。查太阳到山,罗经上面,理应载五层,余只录四层。前言天道随时而变,故未录二十八宿一层。请看每年历书,便知某日某时太阳躔合过宫,以便为用。

盖太阳者,星中之天子,为万宿之祖,诸煞之宗。天无日,则万古长夜;月星诸宿无日,其体何光?用者必查《象吉通书》历数。太阳正刻分

---

① 校注:《统天历》,宋宁宗庆元五年1199年己未岁颁行,杨忠辅主修。《开禧历》,宋宁宗开喜三年1208年戊辰岁颁行,鲍浣之主修。《会天历》,宋理宗宝右元年1253年癸丑岁颁行,谭玉主修。《授时历》,为公元1281年(元至元十八年)实施的历法名,因元世祖忽必烈封赐而得名,史书均称其为《授时历经》。

金，超神接气，躔度合二十四气，每节气到山，管十五日。如交冬至日，系箕宿四度起，到戊寅山箕八度止，中五日，交斗宿一度。到丙寅山，后五日斗六度，至十度到正艮山，正宜此山造葬，诸煞潜藏，福自久矣。业术者须详规《象吉》历数，太阳到山，方为准的。正合每年七十二候作用。

每日定晓总论

日未出地二刻半，而地上明即晓昏。时日入地二刻半，而地明即黄昏。故昼常多夜三刻，夜常少昼五刻。说见前《天文志》。世人但知以昏明为昼夜，不知日出在已明后，日入在未昏前也。

每日定论时上下四刻分数

日有百刻，配十二时之数，普天行之同。昼夜百刻，每时得八刻，又二时得十六刻，十时得八十刻，总九十六刻。所余者四刻，每刻分为六十分，四刻该二百四十分，布之十二时，每时得八刻二十分，故有初初刻者一十分，正初者一十分。一时有五百分，初初十分初二刻，至初四刻，各六十分，共二百五十分，谓之上四刻；亦二百五十分，谓之下四刻也。

一西洋历，一时八刻，一刻十五分，一时一百二十分，十二时为一日，共成一千四百四十分。每岁共三百六十五日零三时五刻二十分。二十四气，一气有十五日零三时五刻一十分。四时春夏秋冬，各分九十一日三时六刻弱也，共分于四时。各季旺一十八日，三时二刻一十分强也，共成七十三日零四刻四十分有奇。

太阳行度过宫歌诀

立春太阳子上行，雨水惊蛰壬亥寻。
春分清明乾戌上，谷雨立夏酉辛临。
小满芒种庚申定，夏至小暑坤未分。
大暑觅丁未巽至，宫定丙上得因根。
白露排来归巳关，寒露秋分在巽辰。
霜降立冬临乙卯，大雪甲中冬至寅。
小寒丑宫大寒癸，二十四气定其真。

太阳到山二十四气式

日为阳精,照临于昼。月为阴魄,光明于夜。五星列宿,悬象于天。辉煌灿烂,布列森罗。配乎日月,故曰三光。

阳之轻清上浮而为天,阴之重浊下凝而为地。然后有万物,人生其间,为万物之灵,故曰"三才"。如太阳未到山时,仅伏每月日中四大吉时,为"贵人登天门",谓之"四煞藏没",造葬俱吉。

第二十八层　亥建起正月登明十二将

壬亥娵訾登明将，乾戌降娄河魁向。
辛酉大梁是从魁，庚申实沉传送上。
坤未鹑首月小吉，丁午鹑火胜光治。
丙巳鹑尾太乙神，巽辰寿星天罡职。
乙卯大火值太冲，甲寅折木功曹宫。
艮丑星纪属大吉，子癸玄枵神后同。

定太阳出没歌诀

正九出巳入庚方，二八出兔入鸡场。
三七出甲入辛地，四六生寅入戌方。
五月生长居乾上，仲冬出巽入坤方。
唯有十与十二月，出辰入申细推详。

定太阴出没歌诀

三辰五巳八午升，初十出未十三申。
十五酉时十八戌，二十亥上记其辰。
二十三日子时出，二十六日丑时行。
二十八日寅时出，三十加来卯上轮。

登明十二将式

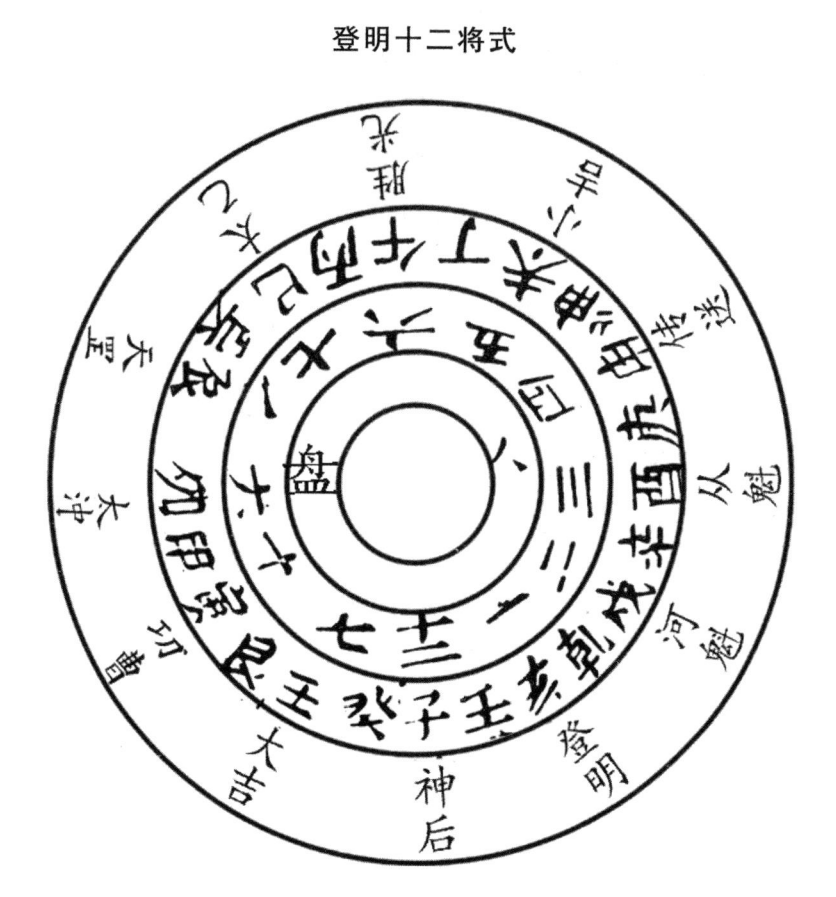

此为十二将次,每月一位,迎太阳过宫,内合先天十二支。

第二十九层 ■訾十二神躔舍过度

夫日者阴中之阳也，其德至刚，其体至健。一年一周天，而任天为不及。一度一岁之积，恰与天会。故日有三道，北至东井去极近，南至牵牛去极远，东至角西至娄去极中，东道南道北道为三也。盖极至于牵牛，则为冬至；极之北至于东井，则为夏至。南北极中，则为春秋分。其行西陆谓之春，行南陆谓之夏，行东陆谓之秋，行北陆谓之冬，故所以成阴阳寒暑之节也。

月者阳中之阴也，其德至柔，其体至顺。其行天，所以佐理太阳，验之夜影，以为消息。月本无光，丽日而有明。以不明之体言之，则纯阴。其行天之度，一月一周。天与日会于辰次之所，以为一岁。十二会，得三百五十四日九百四十分。日之三百四十八分，而与天会，是为一岁也。故月九道。黑道二，立冬、冬至。出黄道北。赤道二，立夏、夏至。出黄道南。白道二，立秋、秋分。出黄道西。青道二，立春、春分。出黄道东。并黄道，共为九道也。故立春春分从青道，分在甲度；立秋秋分从白道，分在庚度；立冬冬至在黑道，分在壬度；立夏夏至从赤道，分在丙度。其日月会合之辰，三合所照之方，故为天德、月德之星也。

欲识太阴行度时，正月初一起于危。
一日常行十三度，五日两宫次第推。
二奎三胃四从毕，五星井六柳张七。
八月翌宿以为初，龙角季秋任游立。
十月房宿作元辰，十一箕上细寻觅。
十二牛女字须知，周天之度无差忒。

二十四星为十二神将以运北斗

盖十二宫舍，用昏建者杓，夜半建者衡，平旦建者魁。春夏秋冬运斗极，第一天枢，第二璇，第三玑，第四权，第五衡，第六开阳，第七摇光。第一与四为魁，第五至第七为杓，合而为斗。如正月初昏，则用斗杓指寅，夜半斗衡指寅，平旦斗魁指寅。

其日月所会之宫，谓之月将，逆行十二宫，娵訾亥，降娄戌，大梁酉，实沈申，鹑首未，鹑火午，鹑尾巳，寿星辰，大火卯，析木寅，星纪丑，玄枵子是也。月建顺行十二宫，寅曰功曹，卯曰大衡，辰曰天罡，巳曰太乙，午曰胜光，未曰小吉，申曰传送，酉曰从魁，亥曰登明，子曰神后，丑曰大吉。月建运天道左旋为天关，月将禀地道右转为地轴。

娵訾十二神式

每月朔望，则日月起会，故日藏于壬，月藏于癸。
此为十二神躔舍，从壬亥逆行十二宫。

第三十层　十二宫舍[①]

天帝顺行十二月，布四时之令。天将逆行三百六十五度，宣八节之功。

大寒，天帝司丑，天将司子，交会于丑子之间，万物成始成终，《易》曰"成言乎艮"。

雨水，天帝司寅，天将按亥，寅亥交符，丑寅辅艮，东北之位也。

春分，天帝司卯，天将按戌。卯戌交符，甲乙符震，正春之令也。万物发生。《易》曰"帝出乎震"。

谷雨，天帝司辰，天将按酉，辰酉交会，万物洁齐，《易》曰"齐乎巽"。

小满，天帝司巳，天将按申，巳申交符，辰巳辅巽，东南之位也。

夏至，天帝司午，天将按未，午未交符，丙丁辅离，正夏之令。万物皆茂。《易》曰"相见乎离"。

大暑，天帝司未，天将按午，未午交符，万物致养，《易》曰"致役乎坤"。

处暑，天帝司申，天将按巳，申巳交符，申未辅坤，西南之位也。

秋分，天帝司酉，天将按辰，酉辰交符，庚辛辅兑，正秋之令，万物说成，《易》曰"成言乎兑"。

霜降，天帝司戌，天将按卯，戌卯交符，阴阳相薄，《易》曰"战乎乾"。

小雪，天帝司亥，天将按寅，亥寅交符，戌亥辅乾，西北之位也。

冬至，天帝回归，北极子垣，天将复命，告功丑所，壬癸辅坎，正冬之令也，万物归藏。《易》曰"劳乎坎"。

观此可见万物造化，随帝将以出入。四六阴阳，随帝将而升降。所关甚大，所行甚显。如良臣赤心以辅国，圣王生道以治民，理必确然。发先圣之定论，启来学之阶梯。帝将之惠，不亦厚乎！[②]

[①] 谓之馆驿，与天帝、天将合符交会参论。天将即太阳也，天帝即月帝也。

[②] 天帝天将，合于子丑之界，会于午未之间。

太阳十二宫舍式

此为十二宫，每月行一宫。

此为十二神将所居之舍，太阳每月行一宫。

第三十一层　二十四位天星 应三垣局

世人爱把九星论，说尽贪狼武曲尊。常将两字钳龙脉，莫把天星乱指空。

夫九星者，贪、巨、禄、文、廉、武、破、辅、弼，二十四山取配，以应三垣局。阴阳龙之贵贱理龙，前已注明，为坐山二十四位天星垣君。今详列一山，则在一位。

《易》曰："天垂象，见吉凶"，"在天成象，在地成形"，故天星下应二十四位。砂有美恶，地有吉凶，所谓"天光下临，地德上载"。

知天皇上映紫微垣，艮应天市垣，巽应太微垣，兑应少微垣，此四垣为天星之最贵者。天贵应丙，天乙应辛，南极映丁，合艮、巽、兑为六秀。又天屏映巳，为紫微垣之对宫，称"帝都明堂"。故亥巳合六秀，又称"八贵"，立居正南，为天地之中，故吉。唯紫微、天市、太微、少微，为天星之四贵。然四垣中，唯紫微、天市、太微三垣有帝座，是以立国建都，必须合此三垣为妙。少微垣无帝座，则建国立都不取，以上诸星为下也。

昔赖公云："凡二十四龙，皆有六秀。"何以言之？以乾卦上爻，一变则为兑卦，为六秀也。"大哉乾元！万物资始"。乾为八卦之首，甲为天子之首。以坤卦上爻，一变则为艮卦，以为六秀也。"至哉坤元！万物资生"。坤纳乙故，坤亦应六秀。离卦上爻一变为震，称为"三吉"。坎卦上爻一变为巽卦，为"六秀"也。

所以离纳壬寅戌，坎纳癸申辰，皆有六秀。只有山高砂明圆秀，二十四位中，皆出大富大贵之地，俱出顶元二十四天星位。坎天皇，亥天辅，壬天垒，子阴光，癸天厨，丑天市，艮天培，寅阴玑，甲天命，卯天官，乙天罡，辰天乙，巽天屏，巳太微，丙阳权，午南极，丁天常，未天铁，坤天关，申天汉，庚少微，兑天乙，辛天魁，戌天厩。乾为之九星，分为二十四位天皇，以应垣局。则知某山天星在某宫，某垣局合位分野宫。一路相连，而知天星之妙矣。

按《天文志》：中天北极，紫微垣，天皇之辰极，太乙之常居也。北极五星，正临玄地，为天帝之最尊，所以南面而治者也。三光迭运，极星不移，孔子所谓"北辰居其所，而众星拱之"是也。后有四辅四星居壬，勾陈六星居乾，天罡八星居戌，华盖九星居坎，阁道五星居癸，咸池五星居丑，八榖八星居艮，天将破军四星居寅，内陛六星居甲，司命六贵人在震，三师三星在乙。又有天理四星居辰，五诸侯居巽，内厨二星居巳，四贵八星临丙，帝座二星居午，大理二星居丁，天枪三星居未，女床三星居坤，天培五星居申，阳德阴德二星居庚，内屏二星居艮，天乙柱史女史三星居辛。有左卫七相，右卫七将，以藩屏帝室。泰阶六符以辅治，北斗七政以翼垣，此紫微垣坐局之悬象于天者也。

二十四位天星式

第三十二层　浑天星度五行

二十八宿分为七曜，各有所属；而一宿之内，又有五行。金十二，木十三，水十二，火十二，土十二，共六十一位，与透地纳音相为体用。纳音为主，天度为宾。

如丙子水龙坐火度，戊子火龙坐水度，为煞。又龙生度为泄，度生龙为恩，比和为得宜。又坐度克来水度吉，来水度克坐度凶。故曰"山克穴者，人多发福。穴克山者，其家少禄。穴来克水，财源积聚。水来克穴，必遭荼毒"。

盖山克穴者，透地龙之纳音，克坐下度也。穴克山者，坐度克透地龙之纳音也。穴克水者，坐下度克来水之度也。水克穴者，来水之度克坐度也。此星度者，为二十八宿经纬度者，由诸星登垣而出，合盈缩透地，以及纳音为关煞。断曰："金克木痨伤，土克水痨疾，木克土瘟癀，水克火少亡，火克金灾殃。"

其天度在十二支中，每宫五位。子宫金火水金木，丑宫土水金木土，寅宫火木火金水土，卯宫木金水土木，辰宫火水土木火，巳宫金木土火金，午宫水上木火水，未宫金土水火金，申宫木火水金木，酉宫土水火木土，戌宫金土水金火，亥宫木火土水木，共六十一位。其用不为穿山透地分金作穴之一端，而又取一岁为七十二候，每一字管六日，六六共三百六十日。寅宫多一木字，则又管五日，以全周天三百六十五日零三时。今岁冬至，对来岁冬至，合算三百六十五日三时，是为一岁之用也。

浑天度数式

系诸星登垣，与分金透地穿山，相为表里。又合每年盈缩六十龙，七十二候。

第三十三层　坐山二十四向盈缩六十龙透地

盈缩之法，为坐山分金架线透地之异用也。穿山七十二龙，罗经只载一层，合《通书》穿山为定。以六十透地经盘，载有盈缩平分两层龙。用平分则峦头八尺，透地作穴，以分旺相孤虚煞曜为用，再无容辨矣。

用盈缩六十者，是朱蔡二公辨之，大约取七十二候，先天十二支之义盈缩。考先天经盘十二支，亥末起甲子，与子邻是气已先至，而不失之迟，又不失之太早。古人积三十分而后，起冬至甲子先后之序，为更妥。又以八卦宫位言之，平分六甲，则每一卦分得七位半。合十五位而配成二卦，合三十位而配成四卦，合六十位配成一年，而配成八卦。更无此多彼少，而卦位适均。此盈缩龙之卦，配合盈缩六十龙，固然。

若宿度五行较论，盈缩龙只六十位，宿度五行有六十一位，二者位次分度，各相分合，以应周天六六之数。若盈缩龙抵六十位，宿度五行则有六十一位透地，属天纪之作用。而天气中，不无月分之大小。月分虽有大小，至三年一闰，五年再闰，每月各三十日，每年各足三百六十五日三时之数。一年十二月论之，则分大小。自五年六十个月，每年三百六十五日三时。月大月小，每年不足。或小六日，或小五日，故三年一闰，五年再闰，合一年有七十二候，以闰月补之。

附积卦画者，小雪后阳一日生一分，积三十日阳生三十分，而成画一。故为冬至一阳生，小满后阴一日生一分，积三十日而成三画，故为夏至。阳积六画而成乾，乾当四月以足中气，谓之小满者，不可大也，大则亢矣。阴积六画而成坤，坤当十月，谓之小阳春，为阳者，阳不可无也，无阳则纯阴用事矣。若国家长治而不乱，戒盈而持满，崇阳而抑阴。

此平分六十龙，合二十四山，二十四气，七十二候，详见《象吉通书》。二十四山，分金坐度，载有一层卦例，正合此盈缩龙作用之功也。

一岁之序，分为四时，应乎北斗。斗柄东指，在寅卯辰，万物发生，于时为春。斗柄指南，在巳午未，万物畅茂，于时为夏。斗柄指西，在申酉戌，万物收敛，于时为秋。斗柄指北，在亥子丑，万物闭藏，于时为冬。循环运转无穷。

平分六十龙透地式

盈以应度，缩以应候。

此架线拨针，合《通书》透地作用。又与浑天度六十一字，三百六十五度，七十二候，相为表里。

第三十四层　合人盘二十八宿经纬度数

　　夫三百六十五度四分度之一，必额定一百分，以一度分作四分，每分该二十五分，故谓之四分度之一。通合人盘消砂二十八宿，分上关中关下关所载。一三五七九单数马子，其余二四六八十双数未录，学者详览纬地盘二十八宿一层，了然矣。

三百六十五度式

此度合挨星二十八宿，相为表里。人盘消砂，分初关中关末关在此耳。

第三十五层　定差错空亡_{红圈点为用}

夫孤虚关煞差错空亡，一百二十分金，重一六十甲子，与穿山透地相为表里。出自九六冲合，八卦上下，一爻相配。

如乾卦除中一爻，上下皆属孤阳，而无阴配也。坤卦除中一爻，上下皆孤阴，而无阳配也。乾纳甲，坤纳乙，甲乙为孤。乃甲子一旬，至乙亥，此杨公冷气脉。如坎卦除中一爻，上下属阴，孤阴而无阳配也。离卦除中一爻，上下属阳，孤阳而无阴配也。坎纳于戊，离纳于己，戊己为煞曜。乃戊子一旬，至己亥，此杨公败气脉。离纳壬，坎纳癸。壬癸为虚。乃壬子一旬。至癸亥，此乃杨公退气脉。艮卦除中一爻，上阳爻媾下阴爻；兑卦除中一爻，上阴爻媾下阳爻，二卦阴阳冲合。艮纳丙，兑纳丁。丙丁为旺，乃丙子一旬，至丁亥，此杨公旺气脉。震卦除中一爻，上阴下阳；巽卦除中一爻，上阳下阴，二卦阴阳冲合。震纳庚，巽纳辛。庚辛为祖，乃庚子一旬，至辛亥，此杨公相气脉。以合穿山透地作用也。

惟分每山有五金，取丙丁为旺，庚辛为相，戊己为煞曜，壬癸为虚，甲乙为孤。若二十四山，每山之数十分，共数二百四十分。避孤虚煞曜者三分，取旺相者二分，共避四十八位为孤虚，避二十四位为空亡，只存四十八位为旺相。罗经四维八干正中一度为大空亡，七十二龙缝中一度为小空亡。按空亡度下作一亡字，差错度下作一丫字，关煞度下作一叉字。丫字抵穿山火炕，即差错空亡叉字即透地火炕，为关煞。每两层分金有三红圈，抵穿山透地四十八位，旺相分金为珠宝。此先贤一定自然之用。

差错空亡式

合穿山透地两层分金。缝中载有红圈黑点，丫叉空亡，自然而用。

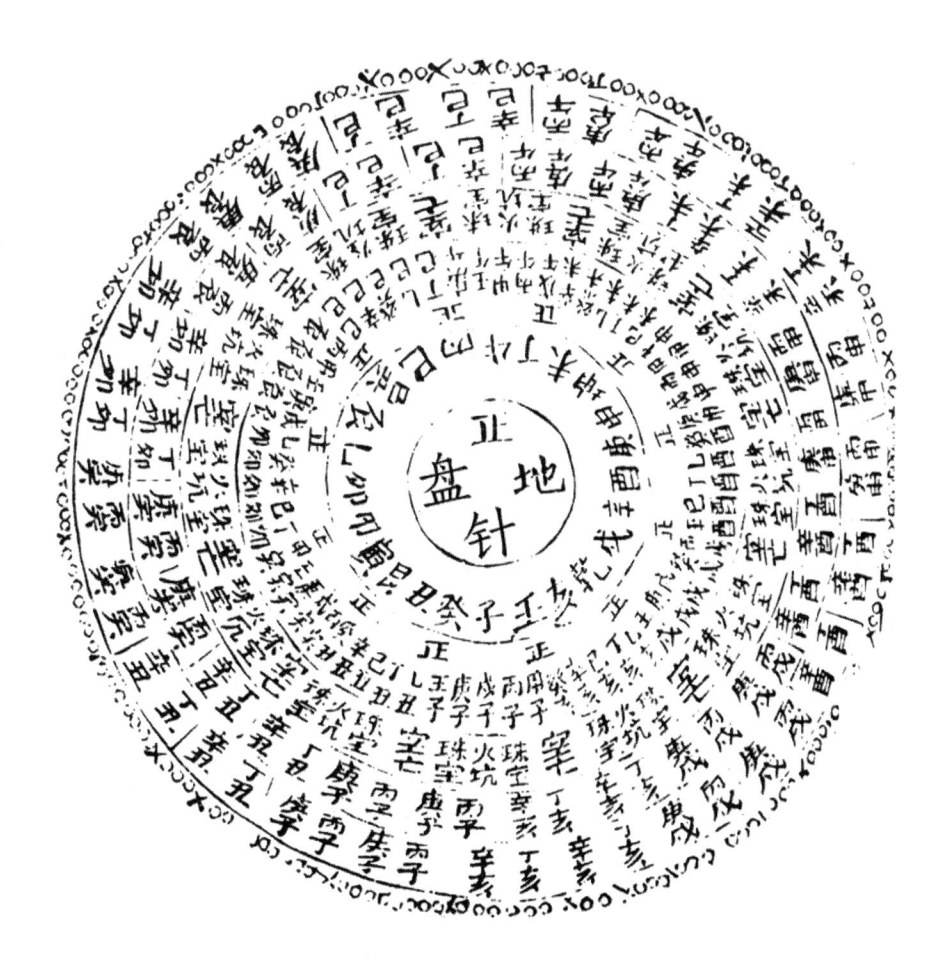

第三十六层　二十八宿配二十四山

盖二十八宿，乃罗经周围三百六十五度二十五分宫度，分毫自然，次序不混。每一度额定一百分，以一度分作四分，故一分该二十五分，谓之四分度之一。又有太度杪度。其太度与一度相等，太度九分。半度与杪度相同，半度五分。少度六分，与半度多一分。

以太度言之，每一度其间有不足一百分。如轸十八度九十九分，内少一分，此为不足一度者。又如危十五度九十五分，内少五分，亦皆不足一度者。所以古今之历，有四变不同。《统天历》载女二度过子九十五分杪九，《开禧历》载女宿度九十二分杪九，《会天历》载女九十二分杪八，《授时历》载女九十六分杪三。

查古历，其太阳出没，尧时出箕度，今时出虚度。风气厚薄，远近不同，故有多寡之异。而我朝之历，昭昭可考。余以岁差之理推之，历代无不改之历。而西洋历法，于《时宪》正合。因谓罗经宿度一盘，应当改旧从新，以便收山出煞，趋吉避凶，为人间造福。

昔赖公以二十八宿看砂，正在此耳。每方星有七宿，而山只六山。依《催官篇》，柳宿配丁，星宿配午，张宿配丙，翌宿配巳，则轸宿一星，无山可配；而子午卯酉四正之地，宜将日月二宿双配，余乃一山一宿方妥。

但配山又有初关、中关、末关分次。如室火猪共十七度，在星度则以初一二度为初关，八九度为中关，十六七度为末关。以节候推之，逐日挨去，则以十六七度为初关，八九度为中关，一二度为末关。足见经星度数，与人盘消砂相通；吉凶迟速，俱在此中辨别。

其诀在中针人盘，挨二十八宿；分配二十八宿，管二十四山。巽角辰亢乙是氐，卯山房心甲属尾。寅箕艮斗丑乃牛，癸居女宿子虚危。壬是室亥壁，乾系奎戌娄。辛胃酉昴毕，庚居觜位申占参。坤井未鬼求，丁在柳中午星张。丙翌巳轸，二十八宿。

挨星二十八宿

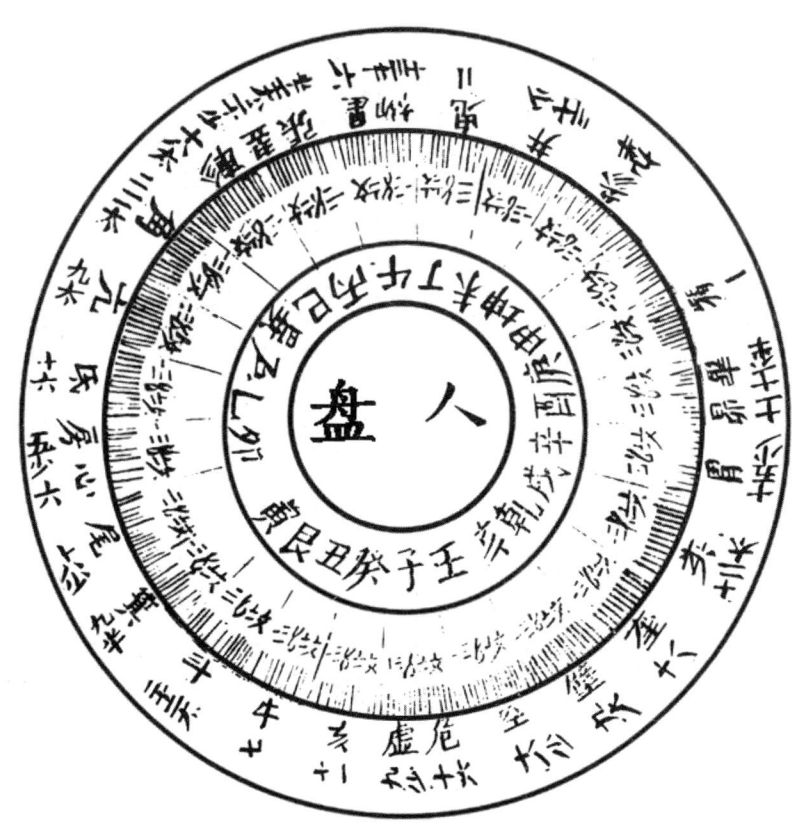

此挨星人盘，合二十八宿，统周天三百六十五度。上中末关，一山一宿。唯子午卯酉四正，取日月双星配之，消砂为用，乃天机妙诀也。

游年歌式

罗经盖面

兑	坤	离	巽	震	艮	坎	乾
生	天	六	天	延	六	五	六
祸	延	五	五	生	绝	天	天
延	绝	绝	六	祸	祸	生	五
绝	生	延	祸	绝	生	延	祸
六	祸	祸	生	五	延	绝	绝
五	五	生	绝	天	天	祸	延
天	六	天	延	六	五	六	生

开门定方

此罗经盖面，《八宅周书》游年歌，统八八六十四卦，其理至微，学者细详《顶门针》了然矣。

掌诀：兑坤巽离，震坎艮乾，用翻卦掌互对。按宫起生、五、延、六、祸、天、绝、伏。如乾山从兑上起生，兑山从乾上起生，坤山从艮上起生，艮山从坤上起生，翻至本山即伏位。余山互相类然。

罗经总论

嗟夫！罗经之用，至此尽矣。地理之学，无余蕴矣。在上经天，在下纬地。万象包罗，至精至微。苟能消息阴阳，辨别吉凶，则祸福不爽，鬼神莫逃，大有益于人间学者，其可不尽心乎！

时大清道光四年甲申岁夏五月

四合堂著

蜀东定远县阴阳学王道亨辑录

地契印式

九天玄女圣母律令勒

三月十五日,九天玄女圣诞。

新订王氏罗经透解卷三

杂览紧要目录

地理之要，必以龙穴砂水为最。苟不潜心玩索，熟读胸中，则登山茫然，不免空疏无据之诮。即能寻龙补穴，消砂纳水，终属强辨，以惑庸夫俗子。今将先贤所注龙穴砂水，录载详明，以便后学之用耳。

龙诀

地理之文繁且多，请君听我龙诀歌。虽然微妙不能尽，大纲大目皆包罗。
识龙难识死生诀，不识死生无定说。屈曲活动龙之生，蠢粗硬直龙死绝。
东扯西拽龙翻花，分枝劈脉龙鬼脚。尖利破碎龙带煞，歪斜倒侧龙魂拙。
无峡无从龙孤单，坦荡平夷龙放冈。分牙露爪龙尚行，藏牙缩爪龙已停。
天弧天角龙欲渡，蜂腰鹤膝龙已成。峡脉短细龙束气，阴阳分受龙结地。
断而复断龙脱煞，穿田渡水龙过峡。中心出脉龙穿帐，尖圆方正龙入相。
直来直去无曲折，死鳅死鳝不结穴。起不能伏伏不起，此龙却弱无力矣。
起而能伏伏即起，此龙气旺力无比。

贵龙重重穿出帐，贱龙无帐空雄强。贵龙名目穿心去，富龙只从旁生上。
帐幕多时贵亦多，一重只是富豪样。龙有雌雄号成龙，大小粗细自不同。
水有雌雄龙成穴，左交右界有分合。世间万物要雌雄，单雄单雌无配合。
高大为雄低为雌，雌雄交会方融结。大山忽小粗中细，先雄后雌当熟视。
小山忽大细中粗，先雌后雄必结地。龙若结地上星辰，尖圆方正自分明。
三吉即是尖圆方，结地自然分阴阳。阴阳不分不结地，何用夸谈砂秀丽。
龙有变化诚莫测，或显或隐认不得。势有伴诈之多端，虚花奇怪真难识。

龙有机关之妙巧，藏踪影迹难寻觅。或有喜怒之非常，奇怪令人无主张。
时师不识喜怒体，闻予大言皆笑取。

崎岖险峻龙之怒，踊跃翔舞龙之喜。假龙多翻作喜穴，喜穴人见多欢喜。
左右湾环来相抱，前宾后主不相照。穴中甚好尽不成，外山外水尽无情。
应乐不真官鬼假，峡室无情不相惹。左右或高又或低，背内面外谁得知。
时人知此花假穴，葬后钱财汤泼雪。不知龙身又带煞，堪笑时师眼如瞎。

真龙专一结怪穴，怪穴人见嫌丑拙。穴拙界合自分明，定有阴阳分窟突。
龙虎左右或不全，时师便言房分偏。不识外山随水抱，救得房分俱一般。
龙真穴拙不能识，葬后富贵无休息。不知龙身多带贵，穴中丑拙有何害。

凡是真龙正面来，身虽屈曲顶不歪。桡棹却是蜈蚣脚，两两成双相对着。
一心一附恋结穴，并不斜仄顾瞻别。真龙定然有迎送，夹从缠护无缺空。
龙若无缠又无送，纵有真龙不堪用。缠护愈多愈有气，众山众水来会聚。
浑如大将坐中军，罗列队伍俱整备。

若是缠护侧面走，一边无棹一边有。顶面常顾真龙身，不敢抛离闲处行。
挠棹向后龙尚去，挠棹向前龙已住。向前为顺向后逆，逆则凶兮顺则吉。
边顺边逆房分偏，边有边无护缠环。带仓带库是富龙，带旗带鼓是贵龙。
仓库旗鼓两边带，富贵双全真可爱。

看龙专看龙过峡，峡与穴情一般法。过峡有扛则有护，免被风吹脉脊露。
过峡无扛又无护，风吹气散龙虚度。过峡宜短不宜长，长则力弱气已衰。
过峡宜细不宜粗，粗则气溺穴已无。过峡宜狭不宜阔，阔则气散龙力乏。

过峡一线短又细，蜂腰鹤膝束气聚。束得气聚方结穴，气束不聚亦枉顾。
硬腰过与仄角中，或者结地犹堪下。软腰过者不堪裁，气若能力束不来。
要识束气不束气，万物结果先有蒂。要识结地不结地，请君但看吹响气。
入气孔大气亦散，入气孔小气亦聚。聚则能向散不向，方知结地不结地。

左右有扛龙虎全，左右无扛无龙虎。仓库拱峡则主富，旗鼓拱峡则云路。
仓库旗鼓两边拱，富贵双全定不误。金冠霞帔主女贵，法器鼓笛僧道类。

若是真龙足登云，天生奇怪占中间。众山面面皆回顾，唱喏排班列两行。
却有朝山在面前，端然正立若朝参。天心十道无偏倚，当中正对面前里。

流神屈曲抱尖圆，应乐枕对出天然。缠护从托辨假真，朝出无从托龙身。
朝山直来身少曲，真龙屈曲不朝入。贪巨武龙富贵局，旗鼓仓库相随逐。

金箱玉印面前排，蜂屯蚁聚堆金谷。冕旒龙定出侯王，四神八将尽归降。
二十八宿皆全备，千山万水尽回环。

此歌当胜疑龙经，熟读其中意味深。更加眼力精灵妙，便是曾杨再世生。

穴情

识龙固难常识穴，穴中玄妙难备说。二五精英真造化，天命神功可改夺。
来龙不论短与长，但看到头之一节。五星唯取木土金，名曰三吉为结穴。
峦头明净体丰肥，顶圆身正始为奇。开睁展翅便结穴，身与众山堂各别。
上开八字以遮风，下开八字以盖穴。大八字分龙虎合，界定龙脉无扯拽。
小八字分穴下合，界定真气弗漏泄。名曰大口出小豆，定然穴从小口出。
十无分兮来不真，内无生气可融结。下无合兮止不明，外无堂气可爱接。
上有分兮下有合，雌雄交度方成穴。真穴天生百奇异，定有阴阳分窟突。
阳来阴受窟中突，阴来阳受突中窟。突中复突是纯阴，窟中复窟纯阳出。
孤阴不成理自然，孤阳不生岂虚说。孤阴女子无夫壻，孤阳男子无妻妾。
女子无夫何有孕，男子无妇终孤绝。阳必配阴阴配阳，阴阳配合始为良。
上阳下阴阴中扦，上阴下阳阳内藏。阴多阳少莫凑毬，阳多阴少凑毬间。
阴阳中半中间取，片阴片阳挨过阳。阴盛阳衰则就弱，阳盛阴衰则就强。
动处是生静是死，弃死挨生生处装。点穴既已识真的，须辨龙脉之缓急。

龙急脉急气自急，葬急斗杀人绝迹。放棺避毯而凑簷，拖出毯外四五尺。
气使临头不合脚，眠干就湿真法则。气急理合作虚粘，垒土为茔接来脉。
古鼎烟消气尚浮，虚簷雨过声犹滴。龙缓脉缓气亦缓，葬缓脱脉退财产。
放棺避簷而凑毯，进入七寸急共缓。气使合脚不临头，仙传穴法不虚掷。
扑面水底真奇特，漏泄天机免惑疑。舌尖堪下莫伤唇，齿隙可扦休动骨。
龙急脉急气却急，凑急当锋葬不得。未免斗杀与冲刑，有祸来时救不及。
亦须凑簷而避毯，拖出三尺缓其急。气便临头又合脚，架折逆受气耳入。
斜枕案山不对顶，避风走杀回天力。龙缓脉缓气却缓，葬缓冷退如反掌。
宜于稍急去扦穴，急缓相停方得诀。亦须避簷而凑毯，进入五寸气方接。
此亦合脚不临头，顺来顺受非架折。又有阳多无窟突，只有微痕分界合。
石从水底生纹浪，全凭眼力方能决。坦然些子后微凸，草蛇灰线难辨别。
两片蝉翼渺茫砂，界股虾须微抱穴。此水有影却无形，凸上分开凸下合。
点穴只点水界间，上不可透下莫脱。亦有阴多些些凹，如酥如汤认不切。
两片牛角隐隐地，夹滴蟹眼穴中出。此水有名无证佐，隐约尽处穴迎接。
点穴既识挨窟突，须知扯拽气漏泄。龙虎两边要护卫，弗使漏胎并吐舌。
中乳若高龙虎低，露胎吐舌当点检。莫言截去便无妨，须知原迹没包藏。
截乳必定伤来脉，斗杀冲刑灾逼迫。扯拽亦须知要诀，看他气脉如何出。
气已入袋若扯拽，虽扯袋内气不泄。气未入袋若扯拽，扯拽袋内无些末。
中乳若重龙虎轻，虽然扯拽气犹存。本身若轻龙虎重，扯去气少无些用。
龙穴但要有界合，设一不界气则泄。界穴设或不界龙，还因去住未曾分。
界龙设或不界穴，总然一片无分合。界龙界穴两无疑，融融生气穴中居。
有人葬乘生气者，富贵荣华定可期。

砂钳

论砂容易不为难，总在明人眼界间。古怪巍峨犹未善，崎岖险峻未为良。
倒侧歪斜非吉兆，狙雄突兀总凶顽。破碎棱层为劫煞，斜飞走窜尽凶殃。
劫山照破全无地，凶煞加临祸莫当。尖圆方正名三吉，秀丽清奇曰好山。
明净自然照福德，端圆的定降祯祥。圆者不宜粗壅肿，尖者最忌瘦巉岩。
破在吉方多不吉，秀居凶位福亨昌。生砂柔软如弓角，死砂硬直似刀枪。

贵砂尖利圭笏笔，富砂圆正库厨仓。聚米辫钱富而已，衙刀毯杖贵难量。
富则银瓶并盏注，贵兼玉印与金箱。蚁聚蜂屯财谷地，旌旗秉节姓名香。
石壁棱棱为劫盗，枪旗簇簇出强梁。顺水顺砂名退笔，墓宅逢之皆不吉。
纵有良田过万顷，房倒房兴终不一。逆水之砂曰进神，向剪财头财便兴。
若有数重俱逆插，房房家业日光荣。一砂窜走一砂飞，荡劫家财鹜住居。
更有外山背走去，路死他乡不见归。砂若直来如射箭，家遭凶祸年年见。
左长右三中次房，次第推来有应验。龙虎须教曲抱身，昂头踞足恐伤人。
边直边湾亏直分，边无边有有房兴。外砂来抱无空缺，千孙百子一般均。
妒主擎拳人忤逆，拭泪褪胸损少丁。莫教齐到溅尖利，同胞弟兄也相争。
青龙若窜过西宫，长房财产尽皆空。白虎窜兮幼小败，两宫祸福一般同。
过宫头转无妨碍，此房人产反丰隆。玄武吐舌名退笔，必主中男破败凶。
龙虎里面小明堂，须令洁与平宽荡。若有砂墩并石块，瞎盲产难见刑伤。
外堂也要地宽平，勿使凶砂碍眼睛。最怕离披并败乱，偏嫌混杂不分明。
形似虾蟇人气头，状如尸卧妇人淫。猪脂须防抄括专，羊蹄忤逆乱人伦。
马腿牛臂若不识，鹅头鸭颈暗私情。提篮乞食沿家唱，灰袋烟包设火星。
倒杵东瓜招肿脚，百结鹑衣彻骨贫。朝山远近要相当，不宜主弱对宾强。
近宜低小尤为美，远则高大最为良。唯是有情无别意，方为真意可朝拔。
若是无情不相惹，秀如圭璧也虚闲。露体献花真是丑，蛾眉粉黛卖朱颜。
探头仄面勇为盗，开脚掀裙女犯奸。富贵虽然系龙穴，秀气须应在朝山。
笔架科名应有分，满床牙笏世为官。金签玉检翰林苑，玉几金炉学士班。
玉台县令知州职，玉屏驸马执朝纲。席帽模糊皆岁贡，绿袍堆积坐皇堂。
文笔联珠并展诰，举人进士定联芳。五凤楼台具有述，状元榜眼探花郎。

水法

水法最多难具述，略举大纲释迷惑。世传卦例数十家，彼吉此凶用不得。
一行禅师术数精，欲与中国去膻腥。乃为唐朝画久计，故意伪造灭蛮经。
宗庙五行从此没，颠倒颠来假混真。亥水艮土反为木，坤土震木反为金。
辛金巽火以作水，乙木兑金作火星。当初主意灭蛮国，而今反误中华人。
以讹传讹不能辨，因此五行俱错乱。常覆人家旧祖坟，据此水法断不验。

合者人家财产退，不合之家反富贵。所以真龙与真穴，至今尚在不能灭。
自然水法君切记，无非曲屈有情意。来不欲冲去不直，横不欲返斜不急。
横须逆抱及湾环，来则之玄去曲折。澄清停蓄定为嘉，倾泻急流有何益。
八字分开男女淫，川流三派峰歌倾。急泻急流财不聚，直来直射损人丁。
左射长男必遭殃，右射幼子见凄惶。若然水从中心射，仲子之房祸难当。
扫脚荡城子息少，冲心射胁孤寡夫。反敲人离及退财，卷帘填房与入赘。
澄清出人多聪俊，污浊生子皆愚钝。大江湖来田万顷，暗拱爵禄食五鼎。
飘飘斜出是桃花，男女贪淫败破家。又主出人好游荡，终朝歌唱逞奢华。
屈曲流来秀水朝，定然金榜有名标。之玄流去无妨碍，亦出聪明俊伟郎。
虽然不得状元第，也出清奇翰苑香。水法不拘去与来，但要屈曲去复回。
三回五转而顾穴，悠悠眷恋不忍别。稍可祸福砂水断，贵贱还须龙上看。
龙若贵时砂水贵，龙若贱时砂水贱。砂是闺中之美女，贵贱必然从夫主。
水如阵上之精兵，要决胜负在将军。唯有六秀合正经，兑丁艮丙及巽辛。
墓宅逢之皆大吉，自然富贵旺人丁。述此一篇真口诀，读在胸中皆透彻。
免惑时师妄谈指，祸无福有须当别。

并搜录先贤注明紧要捷诀

地有十紧要

一要化生开帐，二要两耳插天。三要虾须蟹眼，四要左右盘旋。
五要上下三停，六要砂脚宜转。七要明堂开睁，八要水口关阑。
九要明堂迎潮，十要九曲回环。

十不葬

一不葬粗顽块石，二不葬急水滩头。三不葬沟源绝境，四不葬孤独山头。

五不葬神前庙后，六不葬左右休囚。七不葬山岗撩乱，八不葬风水悲愁。九不葬坐下低小，十不葬龙虎尖头。

地有十富砂

一富明堂宽大，二富宾主相迎。三富龙降虎伏，四富朱雀悬钟。五富五山高耸，六富四水归朝。七富山山转脚，八富岭岭圆丰。九富龙高抱虎，十富水口紧闭。

十贵砂

一贵青龙双拥，二贵龙虎高耸。三贵嫦娥清秀，四贵旗鼓圆峰。五贵砚前笔架，六贵官诰覆钟。七贵圆生白虎，八贵顿笔青龙。九贵屏风走马，十贵水口重重。

十贫砂

一贫水口不锁，二贫水落空亡。三贫城门破漏，四贫水被直流。五贫背后仰瓦，六贫四水无情。七贫水破天心，八贫潺潺水笑。九贫四应不顾，十贫孤脉独龙。

十贱砂

一贱八风吹穴，二贱朱雀消索。三贱青龙飞去，四贱水口分流。五贱摆头摇尾，六贱前后穿风。七贱山飞水走，八贱左右皆空。九贱山崩地裂，十贱有主无宾。

二十八要

龙要生旺，又要起伏。脉要细，穴要藏。来龙要真，局要紧。堂要明，又要平。砂要明，水要凝。山要环，水要绕。龙要眠，虎要缠。龙要高，虎要枕。案要近，水要静。前要官，后要鬼，又要枕乐两边夹照。水要交，水口要关栏。穴要藏风，又要聚气。八国不要缺，罗城不要泻。山要无凹，水要不返跳。堂局要周正，山要高起。宜熟记之。

二十六怕

龙怕凶顽，穴怕枯寒。砂怕反背，水怕反跳。
穴怕风吹，山怕干枯破碎。水怕牵牛直射，砂怕送水走窜。
水怕反局领泻，对山怕搥胸。虎龙怕压穴，堂怕反斜。
前怕枯穿，后怕仰瓦。窝穴怕顽闷，山峰怕八煞。
水怕兼八煞，山怕坐泄鬼。水局怕黄泉，龙虎怕断腰。
明堂怕野旷，穴前怕堕胎。来脉怕乘煞，高怕伤土牛。
低怕脱气脉，脉怕露胎。风怕劫顶，水怕淋头，又怕割脚。
穴怕乘风，棺怕挨死。龙怕起浪，虎怕窜堂。
罗经上面怕双金，立穴乘气怕火坑。

二十二好

龙好飞鸾舞凤，穴好星辰尊重。砂好屯军拥从，水好生蛇出洞。
龙好不换正星，穴好凶星藏屏。砂好有朝有映，水好如蛇过径。
龙好迎送重重，穴好遮藏八风。砂好屯起千峰，水好形如眠弓。
龙好卓笔顿枪，穴好四正明堂。水好朝阳秀江，龙好僧道坐禅。

砂好如人卓拳，水好如弓上弦。龙好有盖有坐，穴好有包有里。砂好有堆有垛，水好有关有锁。

论平枝山谷①

凡阳基与阴地一同，但看大小与傍城借主，并横龙可居之耳。至于结穴之砂，不论平枝山谷，只要宽舒平坪为上。次要贴身两砂湾抱，以救微芒。真水不散，则内气融注，发福无疆。然贴身两砂，不必拘其太高。但高尺寸，亦有千仞之力，纵外千仞不如也。余常见山谷阳基，多是窝钳，发福最速。平洋亦要开口，发富极顺。盖以其关气不散故耳。《经》云："平洋不开口，神仙难下手。"必正顺来开口真，恐为气之水窝也，不可细辨。至于中起横关，垂气借主；又以下砂包裹，以可拘其开口，是在心悟。

论贵格贫贱好歹

青龙背上马驼人，长房必定出公卿。白虎背上马驼人，三房必定出公卿。对门山若马驼人，二五八房贵子孙。青龙星峰入云霄，儿孙金榜有名标。太乙贵人连笔笀，长房子孙出公侯。白虎生峰扫云霄，生峰摆尾得坚劳。必主三房人中举，金榜题名状元豪。对山文笔起数峰，天乙太乙入云霄。只要文笔多青气，弟兄联芳中得高。定作北京名御史，天下扬名春锦袍。青龙一砂走如飞，去人一去永不回。若是尖枪为贼死，尸骸抛露在荒坵。白虎去硬去不回，此砂生人最不乖。熟读真假如神。

看官鬼禽曜

生于案山背后者为官，官要回头，不可太笀，笀则照穴。

---

① 心传，屡试验。

生于主山背后者为鬼，鬼要就身，不可太长，长则截气。
生于水口中间者为禽，有小山小石，有情向穴者吉。
生于龙虎时外者为曜，有小山小石峙立，有情向穴上者吉。
无官则不贵，无鬼则不富，无曜则不久，无禽则不荣。
无官无鬼，无曜无禽，乃是虚花，无下手之处。

论四正

龙无正星不观，穴无正形不安。水无正情不湾，砂无正名不关。

九星笔

贪狼状元笔，巨门高才笔。禄存道士笔，文曲九流笔。
廉贞学士笔，武曲贵人笔。破军兴状笔，辅弼秀才笔。

九星印

贪狼衙县印，巨门相公印。禄存托场印，文曲打钱印。
廉贞丹青印，武曲知州印。破军告状印，辅弼富贵印。

九星马

贪狼衙县马，巨门相公马。禄存会教马，文曲英才马。
廉贞落阵马，武曲太官马。破军将军马，辅弼富贵马。

论笔得位不得位

子午卯酉判死笔，寅申巳亥讼门笔，辰戌丑未丹青笔。

安泰山石

高曰一尺八寸，阔一尺二寸，厚四寸，埋土八寸。用五龙五虎日，用寅时安。

安吞口

上阔一尺二寸，合十二月；下八寸，按八卦；高一尺二寸，按十二时。两边共合二十四气，用寅日寅时钉，不可偏斜，亦不可钉于兽面。忌丑未亥命生人，宜避之。

安赐福板①

天官赐福，凡人家当面有煞，用此板，取其二家合睦。

安善板②

必用四月初八辰时，请公平正直、齿德并著者，借其一言一善，能消百意。须要安在现眼处。

安白虎镜

凡人家门首，有高楼、庵观、寺院、旗杆、石塔相冲，用此镜镇之，大吉。

---

① 书"天官赐福"四字。
② 书"一善"二字。

文华公黄龙透塚经

参透黄龙透塚经，透入穴内九尺深。不论千坟并万塚，照见死尸存不存。
十二火坑人无晓，尽在黄龙透塚经。坟前周围转三转，知得荣枯死与生。
凡人疑惑不肯信，吉凶祸福在此分。术士不知其中意，空得黄龙一卷经。
唯有戊子至己亥，十二来龙号火坑。细查罗经坟后格，入首小脉不差分。
一看双金并对脑，二看直射与分金。三看挑枪反弓水，四看里气合分金。
五看宿度不界限，相克名为是火坑。第一火坑亏子孙，泥水多在棺中存。
定主其家多麻疾，瘟癀疾病损人丁。第二火坑少子孙，长子不存少子存。
穴中虫蚁时常走，棺板虽有只半存。第三火坑是纯阳，透入穴中生灾殃。
人丁不旺蛇虫害，因此儿孙寿不长。第五火坑是虚阴，透入穴中水满坑。
左边尸骨多黑烂，树根穿板在中心。第五火坑孤阳精，透入穴中水满坑。
黑骨满板人不信，开棺之后见分明。第六火坑无人晓，透入穴中有凶兆。
亡人尸骨全黑烂，鼠耗偷尸不周全。第七火坑是缝中，透入穴中定主凶。
子孙逃外他州死，总之亡合克山头。周身尸骨皆黑烂，家败人亡祸来侵。
第八火坑有原因，透入穴中水满坑。淹过棺木三寸半，亡人在内不安宁。
年多棺烂尸骨散，年少棺朽骨黑存。第九火坑泄气病，亡人落火自烧身。
定主子孙遭火灾，三七十一动火瘟。又定穴内八寸水，蛇虫常入家不宁。
第十火坑主大凶，透入穴中有神功。定主子孙多疯疾，恶毒癀瘟受贫穷。
又主穴中三寸水，尸骨黑烂半黄红。不信请君开穴看，黄龙透穴有神功。
十一火坑有玄微，透入穴中仔细推。水去虎高杀刀现，定主棺中尸不全。
右边尸骨多黑烂，左边泥土三寸深。又主其家多孤寡，定产喑哑小聋童。
十二火坑是虚阳，透入穴中多不祥。怪物蛇蚁从头入，棺木黑烂碎纷纷。
穴中树根穿在内，亡人在墓不安宁。又主鼠耗穿游走，飜尸烂骨泥满坑。
此是黄龙真妙诀，千两黄金莫传人。

论草看坟之应

凡到人家坟上，看土色如何，在后扯草根，近鼻闻有生气。坟边有蛇虫，坟上清秀，主子孙兴旺。若坟上无草，主人家贫。如坟前破，主不利。坟土如生齐，面泥，又如灰堆，定主水滴成坑，泥土满棺。又扯草根，看带白色直下，便是男坟。赤色黄根，多钩篆，即是女坟。坟上无草干枯，是绝坟。老死，坟上草根少。少死，坟上草软嫩。男坟尖，根直下。女坟肥，根软弱。样搭蓬，如草黑，黑棺。草脚白，是无板。若细长，是包折埋。左右生草肥多，即是吊死打死。坟前簕缠树，主人吊颈枷锁。坟上栽花，主淫乱。此是杨公真口诀，谨慎收藏莫漏泄。

辨男坟女坟①

男坟左边之土高于右，左边之草胜于右。草根直生，草头向东。

女坟右边之土高于左，右边之草胜于左。草头向西，草根曲生。

审古墓法诀

抽空审古墓，手执罗经于背，双手运罗经，指掐字脚，走七步默念："天有三奇，地有六仪。精灵奇怪，古冢伏尸。黄沙赤土，瓦砾坟基。方广百步，随针见之。"念毕，手按住巳字，下即有古墓，余字则无。

又抽空审诀

两手执罗经于背，口念"建除满平定"，走七步，指按住红字有，黑字无，最验。

相地点穴②

龙形下颔，虎形下王字，象形下鼻，龟形下息，蛇形下七寸，凤形下

---

① 扯坟上黄茅草以别之。
② 巧凭眼力，妙在心思。

衔书，鹤形下衔珠，狮形下毬，蜘蛛下网心，人形下脐阴，兽形下尾门。

黄蛇听蛉，其情在耳。雁宿平沙，其情在芦。织女抛梭，动在两乳。仙人献掌，穴在掌心。

刀剑形其用靶觳，弓弩形其发在弩机。响器以虚出声，金钻以执为用。妆台必有粉架，棋盘又点将军。

芦鞭要识落花，莲叶宜看侧露。梧桐叶上遍生子，杨柳枝头出正心。

蛇形有毒，犬性必狂。蜈蚣有蜓蚰，猛虎宜看肉案。

此皆葬乘生气，阴来阳受，阳来阴受。

修塔

建塔，或省城、州府、县镇，坟宅左右前后，皆因文峰低小。用罗经中针人盘格定三吉六秀，宜生旺食神方上造立。即应士子，早登科甲，文人上进。切忌泄方煞上竖造，立见凶祸。

修墉壁

塘壁只衙署寺院书斋造立，虽要明亮高长，衙署墉壁，宜画贪狼麒麟。贪狼即井木犴也，其宿最恶，上山食猛虎，下河食蛟龙，食铜餐铁，食尽民间，故取象以昭触目惊心之意。寺院书斋墉壁，宜画乌龙水波，鱼龙变化，以昭神光学士。

修坊

杨公云：建坊之说，原为节孝忠义设也。奉旨建立，必辨方位。

若坟前宅后，朱雀玄武，竖造立见凶祸。宜州城府县市镇桥梁官道建立，则彪炳千秋。

必依来龙为山，去脉为向，与竖造同期。

建立宗祠

宗祠之建，原以尊昭穆，重名派，培后人耳。造宜合四垣，紫微、天市、太微、少微，三吉六秀，砂水呈祥之地，定主子孙繁衍，世代荣昌。

扦油房①

扦油房，安榨、铁炉、水碓、瓦碓，皆有声之物，震动龙神，大有关系风水之害，必辨方依法建立，切忌坟前宅后。朱雀玄武向上最凶，凡城郭市镇空地无碍。有诀云："榨响十里败，窑烧四方空。"

立灯竿

灯竿之建，无非酬答上苍，除魔以靖地方者也。凡立必高三丈三尺，埋土一尺八寸，上合三十三天，下合一十八重地狱，灯笼上书"平安"二字；灯竿上钉一板，写"紫微垣"三字，像神位样。

五星九星聚讲图说

五星聚讲者，金木水火土，五星团聚而起是也。九星聚讲者，太阳、太阴、金水、紫气、天财、天罡、孤曜、燥火、扫荡，团聚而起是也。以作龙祖，主出至贵，福力尤紧。《经》云："高尖是楼平是殿，请君来此细推辨。乱峰顶上乱石间，此处名为聚讲山。"龙神九星行度，又名贪、巨、禄、文、廉、武、破、辅、弼九星，在天成象，在地成形。杨公以龙之行度，变态无穷，必以九星体在龙神，廉贞祖山，过峡行度。论生克，如贪狼，即紫气，木星在祖山发出，离方入坎宫。论诀，在《铅弹子》四卷中。九星入宫，论祸福。

---

① 安铁炉、水碓、瓦碓等事。

杨廖二公九星歌

廖名太阳杨左辅,高圆覆钟釜。廖名太阴杨右弼,低圆带方觅。
廖名金水杨武曲,三脑如金宿。廖名紫气杨贪狼,一尖直更长。
廖名天财杨巨门,双脑兼凹平。廖名天罡杨破军,金头火脚星。
廖名孤曜杨禄存,搦拳形最直。廖名燥火杨廉贞,尖斜芒帚形。
廖名扫荡杨文曲,斜拖帛一幅。此力九星之正体,九变从此起。

诀云:龙楼起祖喜廉贞,聚讲山团五九星。下殿辞楼中出帐,天乙太乙两边迎。

五星聚讲图

尊龙认山祖,金木水火土。五星变九星,每星又变九。
正变八十一,堪舆诸书有。时师不认体,登山难下手。

论罗天大进日①

初二进申初四亥，初六进子初八卯。十二进未十六辰，十八进戌二十丑。二十二进巳二十四寅，二十六进午二十八日酉。

凡遇罗天大退在山，必用罗天大进日时，制退为进不忌。

六畜起例

乾甲坎癸申子辰，巽辛离壬寅午戌。坤乙兑丁巳酉丑，艮丙震庚亥卯未。

十二山辰戌上起一德。

一山一宫，俱顺行。

十二山丑未上起一德。

一德：虎豹狐狸贪狼，太阳豺狼三台。奇罗血刃刀，共刀砧紫气。

看坟宅兴衰论②

何知人家代代富，下砂重重来包顾。何知人家代代贫，下关空缺不包坟。何知人家代代贵，文笔尖峰当面对。何知人家富有名，山高一层又一层。何以知人不发财，只少源头活水来。何知人家眼不明，望见明堂石土堆。何知妇人骂老公，白虎头上起尖峰。

论门光星歌③

江湖深万丈，东海浪悠悠。水涨波涛急，摇船泊浅洲。得鱼偏沽酒，一醉卧江流。

---

① 此乃广东历录载。
② 四合堂著，与天地日月星神之合也。
③ 大月起江，小月起湖。有三点水者过。

论起黄道黑道

道远几时通达，路遥何日还乡。[1]

正七在子二八寅，三九在辰四十午。五十一月居申下，十二月在戌宫。

黄道黑道歌

青龙明堂与天刑，朱雀金柜天德临。白虎玉堂天牢是，玄武司命并勾陈。

双金煞

十二立向，犯四墓双金煞，即玄空五行墓绝龙来，故忌。

坤丁未龙，误立亥癸艮甲向，属木。

辛戌乾龙，误立丙丁乙酉向，属火。

癸丑艮龙，误立乾坤卯午向，属金。

乙辰巽龙，误立子寅辰巽向，属水。

辛巳申龙，误立庚戌丑未向，属土。

登山相穴

凡登山相穴者，上要顶气，下要合钳。

如两脉到以短者为主，长者为假；微细活动者为真，硬直为假。

凡看龙脉踊跃直硬伤龙，扦穴若高，则斗脉尸骨，冲转在下。

若当面潮水直冲破局，水高穴低，直冲，脚骨向上，头骨冲下。

若龙脉无护送，脉低穴高，而露漏气者，水即满棺。平地高山皆然，一般同。

---

[1] 有之绕者是黄道，无之绕者是黑道。

若来脉坐下无气，白蚁定从足下起，头上作窠，则骸骨黑烂。

若偏左，白蚁从左边入；若偏右，白蚁从右边入。

若平地无气，春夏有水，秋冬有泥，夏秋葬者坏尸，春冬葬者生白蚁。

若脉急来，斗脉作穴，白蚁即从头上起食，棺脚下作窠。

凡看老坟，若高，则伤长房，退败牛财，定主官非疾病。若低，伤二房，退败田土，官非牛财疾病。

凡有新坟破老坟，虽要离老坟棺三尺，则无害矣。若近者伤坟，祸及左长右二，前后主二房退败。

凡坟宅左右，前后砂水，空缺主穷贱；左右砂水团聚，主房房富贵也。

四季墓绝[①]

如戌与乾双落，若乾龙过峡，戌龙入首，误乘戊戌煞气坐穴，立主败绝。若乘透得丙戌、庚戌旺相穴气，应生五子之人。何也？哑、聋、瞎、跛、瘫子。此为金水狼被娄金狗相克，又主小儿惊风疾病之验也。

如辰与巽双落，若巽龙过峡，辰龙入首，误乘壬辰煞气坐穴，立主败绝。若乘透得庚辰、甲辰旺相穴气，应生五子之人。缺、癞、疤、呆、驼子。此为亢金龙克角木蛟之故，号曰"禽星吞啖"。若山缺凹风，出吐血失红白疾痒瘰之应矣。

如未与坤双落，若坤龙过峡，未龙入首，误乘乙未煞气坐穴，立主败绝。若透得丁未、癸未旺相穴气，应生五子，瘘疾吐血崩血之应，为鬼金羊克井木犴之害也。

如丑与反双落，若艮龙过峡，丑龙入首，误乘己丑煞气坐穴，立主败绝。若透得丁丑辛丑旺相穴气，应生五子之人，残、病、癫、狂、暗病、落水吊伤之应，为牛金牛克斗木獬之故也。

若盈缩如浑天度，四墓藏金，与分金坐度，则为煞曜。判曰：金克木瘘伤，土克水产伤，木克土瘟瘪，水克火灾殃，火克金刀伤。架线分金关系，最宜避之。

[①] 龙来过峡入首，遭此四煞最凶，则不可误下。此等之穴，慎之慎之。

天星砂位内十二劫[1]

天劫第一图[2]

天劫孤高脉尽通，四围有顾穴尊崇。送山后脉低反扯，巨武初兴绝后宗。

地劫第二图[3]

地劫峦头一土星，脚生多派两边分。有分无合飘流散，定出孤绝与道僧。

---

① 校注：以下诸歌诀，从《堪舆一贯》校补。
② 退龙形，初出武职，后代衰落。
③ 龙内生数枝脚，出僧道孤绝。

败劫第三图①

败劫周围石火生，中含一水是窝形。四丁漫散无收拾，水火相刑定少丁。

鬼劫第四图②

鬼劫峦头与脚砂，风吹罗带浑如他。幡符反扯东西去，四水无归神庙佳。

---

① 四围尖石竖立，名穴胎破军，主少丁柱死。
② 神坛寺观。

扫火劫第五图①

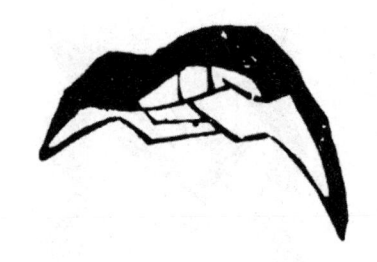

金头扫火即披帘,左右弯尖顺水间。星矮头高中有水,邪巫奸盗败绝颠。

扫荡第六图②

扫荡空窝镰口形,尖斜石焰乱头生。相刑水火瘟癀见,逃外流离灾不轻。

---

① 金头火嘴,即披帘,出邪淫巫师异端之辈。
② 脑上生火,石属火窝,空属水,水火相刑,主外死瘟疫。

六害第七图①

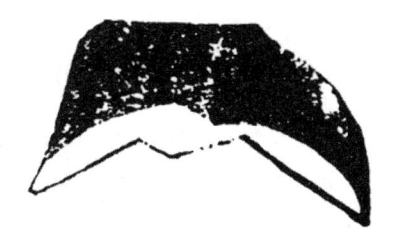

六害星连水土金，峦头蠢大更粗形。四围山水皆无顾，横祸阴人火浪沉。

勾陈第八图②

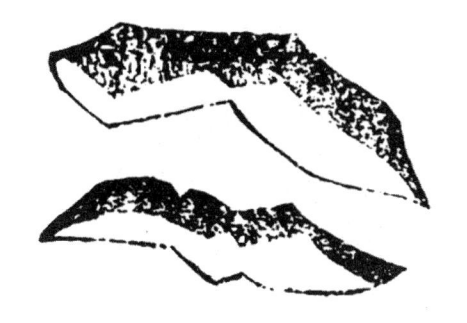

顶连金土号勾陈，尖尾圆峰灰袋名。砂似人形倒睡势，奸淫无忌产邪人。

---

① 五杂之星，水土落于金根，连主女人水死。
② 金土顶，生出火脚拖尾灰袋山，主淫欲无忌，名灰袋。

天罡第九图①

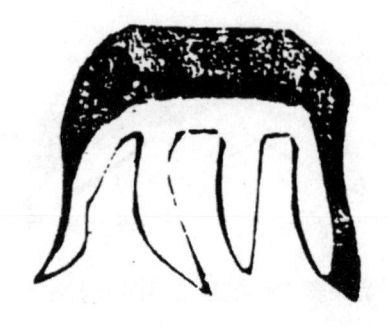

金头火脚号天罡，砂各东西飞似枪。中出数枝皆火嘴，孤孀军贼败绝伤。

天刑第十图②

太阳高耸号天刑，四处无遮孤一星。中出空窝更深阔，纯阳无救女怀胎。

---

① 出孤寡军贼败绝。
② 主室女怀胎。

土墓第十一图①

土蓐之象何处睹，土星峦头如猪肚。带木生火是真形，杀戮绝灭为抄估。峦头重见更招凶，生木凌头初华庶。

螣蛇第十二图②

螣蛇脑如仰瓦形，两头火角回中存。枝多水火各飞去，四顾无情徒配刑。

---

① 主大辟抄估。
② 主遭刑徒配。

八凶峦头神断捷诀

天罡峦头第一凶

　　高金架火号天罡，徒配扛尸瞎跛狭。奸盗贼军痨瘵应，鳏寡孤独败绝伤。穴砂俱火刑伤重，砂火穴窝是救方。火脚金头窝是救，方依又在此中详。

孤曜凶星峦头

　　金头木脚孤曜形，鳏寡孤独渐渐零。贫贱儿孙多受雇，为僧为道仅营生。脉来伏起砂含水，穴结窝斜皆救星。金水相生水自救，水能润泽受荣恩。木穴葬木三代绝，两砂现曜祸迟临。

破军燥火二凶星峦头

破燥失针石焰猖，颠邪怪疾更瘟瘿。贼军瞎跛扛尸赖，宅被回禄败绝殃。一个嵯峨山耸顶，若更嵯峨于穴场。杀未脱时千祸发，刑伤血刃少年亡。左右石杀断左右，前山石焰粪门当。石山圆净成星吉，穴配阴阳见上祥。

扫荡凶星峦头神断

扫荡摆出寡水星，浪然无起不生金。男奸女淫无厌足，路死家倾更惨情。多育阴女无儿绝，寡母时闻有丑声。山若摆斜即文曲，风流洛浦浪飘零。脑头若起肥圆救，金水龙峦百福臻。

禄存凶星峦头神断

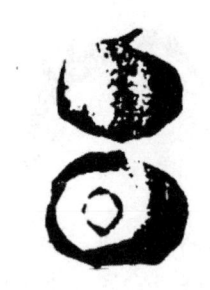

孤金无水号禄存,惟有砂水救孤金。拳样馒头少饵水,阳无阴盛不能行。乘余扦埋尸不坏,死绝生兴二代贫。尤恐算盘猪屎节,淫奔孤寡乱家声。鹅颈孤来风劫脑,纵有微饵三灭门。①

文曲凶星峦头神断

文曲空窝寡水星,纯阳无顶不生金。多生鬼胎招怪异,贫绝冷退犯奸淫。地神作祸妖魔胜,发肿成痨白蚁生。造楼激发年年旺,一代贫盗被奴凌。欲知救祚延三四,回首峦头一点金。若是空窝身带火,绝灭瞎跛产沉沦。曲砂收水包奸发,水走砂飞妇贴人。阴曲男奸阳曲女,阴阳男女不同呼。起顶微窝金水救,百祸消除福自臻。

---

① 三灭者,传至三代也。

廉贞凶星峦头 行龙砂穴并断

相连高火是廉贞，只好行龙作祖星。砂穴见廉军贼败，颠邪怪疾乱伦侵。更遭瘟人杀伤事，泼雪人财无点存。顶起须嫌尖脑侧，倒地尤嫌尖过坟。逆水尖回名进笔，锋铦符卫产财兴。砂燥罡廉父互有，临机通变妙如神。

峦头杂凶

覆背筲箕第一凶

覆背筲箕尽属阴，头圆背拱尾齐形。孤阴无救儿当绝，中有微窝三代倾。前面若还拖火嘴，多遭刑宪祸来侵。

仰起筲箕第二凶

仰起筲箕尽属阳，少顶无脉口真长。多生鬼怪招非祸，奸淫败绝蚁虫伤。外护遮拦三代绝，内砂有救暂安康。

鳖背峦头第三凶

鳖背孤阴少贴砂,凹风一扫不成家。不开窝钳三代绝,略有总有三代差。左右无砂绝更速,紧砂救护漫兴嗟。官分左右宜详断,缺在何边祸应他。

鳖裙第四凶

鳖裙上阴下孤阳,裙阳一绝葬儿郎。众欲裙边粘脱杀,阴阳不妬祸非常。水先浸骨干生蚁,冷退绝嗣二代当。砂紧救时灾可缓,无砂风劫祸来忙。

金刚肚第五凶

　　金刚肚肿脐又平，可知金刚无二形。空圆虚肿假生有，无遮风入绝人丁。五吉钳开刚肚乳，内生螺腌是佳城。

判官脸第六凶

　　判面坑堆虚结作，乱横斜扯水难合。不分不合气全无，蒲地开窝穴不落。误下一代绝儿孙，田财退败家暗割。有砂救得目前安，绝后终须见灾祸。

荡体荡面第七凶

　　荡体龙散结不成，恰似江湖浪不宁。荡面到穴水漫散，中无气聚少合分。只宜神庙并寺观，坟宅奸贪绝后人。

棕榈叶峦头第八凶

棕榈叶出撒丫形，有分无合穴不成。一脑多枝直向外，真水不归败绝临。山脚两开无收拾，女人淫乱不堪闻。

夜叉头第九凶

夜叉头似茨菇叶，两脚不收各分别。中现一水去直牵，纪余人财皆败绝。又为流泥山脚开，淫乱逃亡不堪说。

披帘杀峦头第十凶

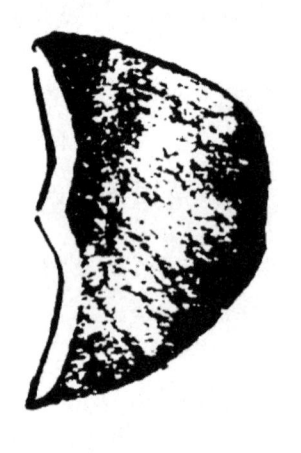

披帘即火贴身砂，坟宅安扦定破家。奸盗师巫招邪鬼，天地空尽败绝家。案背官星狱讼绝，虎龙肘曜盗生涯。搬缯背手牵牛去，外死徒流杀金嗟。

周易书斋精品书目

书　名	作　者	定　价	版别
影印涵芬楼本正统道藏[典藏宣纸版;全512函1120册]	[明]张宇初编	480000.00	九州
影印涵芬楼本正统道藏[再造善本;全512函1120册]	[明]张宇初编	280000.00	九州
重刊术藏[全6箱,精装100册]	谢路军郑同主编	68000.00	九州
续修术藏[全6箱,精装100册]	谢路军郑同主编	68000.00	九州
易藏[全6箱,精装60册]	谢路军郑同主编	48000.00	九州
道藏[全6箱,精装60册]	谢路军郑同主编	48000.00	九州
焦循文集[全精装18册]	[清]焦循撰	9800.00	九州
邵子全书[全精装15册]	[宋]邵雍撰	9600.00	九州
重刻故宫藏百二汉镜斋秘书四种(一):火珠林	宣纸线装1函1册	300.00	华龄
重刻故宫藏百二汉镜斋秘书四种(二):灵棋经	宣纸线装1函1册	300.00	华龄
重刻故宫藏百二汉镜斋秘书四种(三):滴天髓	宣纸线装1函1册	300.00	华龄
重刻故宫藏百二汉镜斋秘书四种(四):测字秘牒	宣纸线装1函1册	300.00	华龄
中外戏法图说:鹅幻汇编鹅幻余编合刊	宣纸线装1函3册	780.00	华龄
连山[宣纸线装一函一册]	[清]马国翰辑	280.00	华龄
归藏[宣纸线装一函一册]	[清]马国翰辑	280.00	华龄
周易虞氏义笺订[宣纸线装一函六册]	[清]李翊灼订	1180.00	华龄
周易参同契通真义	宣纸线装1函2册	480.00	华龄
御制周易[宣纸线装一函三册]	武英殿影宋本	680.00	华龄
宋刻周易本义[宣纸线装一函四册]	[宋]朱熹撰	980.00	华龄
易学启蒙[宣纸线装一函二册]	[宋]朱熹撰	480.00	华龄
易余[宣纸线装一函二册]	[明]方以智撰	480.00	九州
奇门鸣法[宣纸线装一函二册]	[清]龙伏山人撰	680.00	华龄
奇门衍象[宣纸线装一函二册]	[清]龙伏山人撰	480.00	华龄
奇门枢要[宣纸线装一函二册]	[清]龙伏山人撰	480.00	华龄
奇门仙机[宣纸线装一函三册]	王力军校订	298.00	华龄
奇门心法秘纂[宣纸线装一函三册]	王力军校订	298.00	华龄
御定奇门秘诀[宣纸线装一函三册]	[清]湖海居士辑	680.00	华龄
宫藏奇门大全[线装五函二十五册]	[清]湖海居士辑	6800.00	影印
遁甲奇门秘传要旨大全[线装二函十册]	[清]范阳耐寒子辑	6200.00	影印
增广神相全编[线装一函四册]	[明]袁珙订正	980.00	影印
龙伏山人存世文稿[宣纸线装五函十册]	[清]矫子阳撰	2800.00	九州
奇门遁甲鸣法[宣纸线装一函二册]	[清]矫子阳撰	680.00	九州
奇门遁甲衍象[宣纸线装一函二册]	[清]矫子阳撰	480.00	九州
奇门遁甲枢要[宣纸线装一函二册]	[清]矫子阳撰	480.00	九州
遁甲括囊集[宣纸线装一函三册]	[清]矫子阳撰	980.00	九州
增注蒋公古镜歌[宣纸线装一函一册]	[清]矫子阳撰	180.00	九州
明抄真本梅花易数[宣纸线装一函三册]	[宋]邵雍撰	480.00	九州

书　名	作　者	定价	版别
古本皇极经世书[宣纸线装一函三册]	[宋]邵雍撰	980.00	九州
订正六壬金口诀[宣纸线装一函六册]	[清]巫国匡辑	1280.00	华龄
六壬神课金口诀[宣纸线装一函三册]	[明]适适子撰	298.00	华龄
改良三命通会[宣纸线装一函四册,第二版]	[明]万民英撰	980.00	华龄
增补选择通书玉匣记[宣纸线装一函二册]	[晋]许逊撰	480.00	华龄
阳宅三要	宣纸线装1函3册	298.00	华龄
绘图全本鲁班经匠家镜	宣纸线装1函4册	680.00	华龄
青囊海角经	宣纸线装1函4册	680.00	华龄
菊逸山房天函:地理点穴撼龙经	宣纸线装1函3册	680.00	华龄
菊逸山房地函:秘藏疑龙经大全	宣纸线装1函1册	280.00	华龄
菊逸山房人函:杨公秘本山法备收	宣纸线装1函1册	280.00	华龄
珍本1:校正全本地学答问	宣纸线装1函3册	680.00	华龄
珍本2:赖仙原本催官经	宣纸线装1函1册	280.00	华龄
珍本3:赖仙催官篇注	宣纸线装1函1册	280.00	华龄
珍本4:尹注赖仙催官篇	宣纸线装1函1册	280.00	华龄
珍本5:赖仙心印	宣纸线装1函1册	280.00	华龄
珍本6:新刻赖太素天星催官解	宣纸线装1函2册	480.00	华龄
珍本7:天机秘传青囊内传	宣纸线装1函1册	280.00	华龄
珍本8:阳宅斗首连篇秘授	宣纸线装1函1册	280.00	华龄
珍本9:精刻编集阳宅真传秘诀	宣纸线装1函2册	480.00	华龄
珍本10:秘传全本六壬玉连环	宣纸线装1函2册	480.00	华龄
珍本11:秘传仙授奇门	宣纸线装1函2册	480.00	华龄
珍本12:祝由科诸符秘卷祝由科诸符秘旨合刊	宣纸线装1函2册	480.00	华龄
珍本13:校正古本入地眼图说	宣纸线装1函2册	480.00	华龄
珍本14:校正全本钻地眼图说	宣纸线装1函2册	480.00	华龄
珍本15:赖公七十二葬法	宣纸线装1函2册	480.00	华龄
珍本16:新刻杨筠松秘传开门放水阴阳捷径	宣纸线装1函2册	480.00	华龄
珍本17:校正古本地理五诀	宣纸线装1函2册	480.00	华龄
珍本18:重校古本地理雪心赋	宣纸线装1函2册	480.00	华龄
珍本19:宋国师吴景鸾先天后天理气心印补注	宣纸线装1函1册	280.00	华龄
珍本20:新刊宋国师吴景鸾秘传夹竹梅花院纂	宣纸线装1函2册	480.00	华龄
珍本21:影印原本任铁樵注滴天髓阐微	宣纸线装1函4册	1080.00	华龄
珍本22:地理真宝一粒粟	宣纸线装1函1册	280.00	华龄
珍本23:聚珍全本天机一贯	宣纸线装1函2册	480.00	华龄
珍本24:阴宅造福秘诀	宣纸线装1函1册	280.00	华龄
珍本25:增补诹吉宝镜图	宣纸线装1函2册	480.00	华龄
珍本26:诹吉便览宝镜图	宣纸线装1函1册	280.00	华龄
珍本27:诹吉便览八卦图	宣纸线装1函1册	280.00	华龄
珍本28:甲遁真授秘集	宣纸线装1函3册	680.00	华龄
珍本29:太上祝由科	宣纸线装1函2册	480.00	华龄
珍本30:邵康节先生心易梅花数	宣纸线装1函1册	280.00	华龄

书　　名	作　者	定　价	版别
子部珍本备要(共360种18万元)		以下分函价	九州
001 峋嵝神书	宣纸线装1函1册	280.00	九州
002 地理唊蔗録	宣纸线装1函4册	880.00	九州
003 地理玄珠精选	宣纸线装1函4册	880.00	九州
004 地理琢玉斧峦头歌括	宣纸线装1函4册	880.00	九州
005 金氏地学粹编	宣纸线装3函8册	1840.00	九州
006 风水一书	宣纸线装1函4册	880.00	九州
007 风水二书	宣纸线装1函4册	880.00	九州
008 增注周易神应六亲百章海底眼	宣纸线装1函1册	280.00	九州
009 卜易指南	宣纸线装1函1册	280.00	九州
010 大六壬占验	宣纸线装1函1册	280.00	九州
011 真本六壬神课金口诀	宣纸线装1函3册	680.00	九州
012 太乙指津	宣纸线装1函2册	480.00	九州
013 太乙金钥匙 太乙金钥匙续集	宣纸线装1函1册	280.00	九州
014 奇门遁甲占验天时	宣纸线装1函2册	480.00	九州
015 南阳掌珍遁甲	宣纸线装1函1册	280.00	九州
016 达摩易筋经 易筋经外经图说 八段锦	宣纸线装1函1册	280.00	九州
017 钦天监彩绘真本推背图	宣纸线装1函2册	680.00	九州
018 清抄全本玉函通秘	宣纸线装1函3册	680.00	九州
019 灵棋经	宣纸线装1函1册	280.00	九州
020 道藏灵符秘法	宣纸线装4函9册	2100.00	九州
021 地理青囊玉尺度金针集	宣纸线装1函6册	1280.00	九州
022 奇门秘传九宫纂要	宣纸线装1函1册	280.00	九州
023 影印清抄耕寸集－真本子平真诠	宣纸线装1函2册	480.00	九州
024 新刊合并官板音义评注渊海子平	宣纸线装1函2册	480.00	九州
025 影抄宋本五行精纪	宣纸线装1函6册	1080.00	九州
026 影印明刻阴阳五要奇书1－郭氏阴阳元经	宣纸线装1函2册	480.00	九州
027 影印明刻阴阳五要奇书2－克择璇玑括要	宣纸线装1函1册	280.00	九州
028 影印明刻阴阳五要奇书3－阳明按索图	宣纸线装1函2册	480.00	九州
029 影印明刻阴阳五要奇书4－佐玄直指	宣纸线装1函2册	480.00	九州
030 影印明刻阴阳五要奇书5－三白宝海钩玄	宣纸线装1函1册	280.00	九州
031 相命图诀许负相法十六篇合刊	宣纸线装1函1册	280.00	九州
032 玉掌神相神相铁关刀合刊	宣纸线装1函1册	280.00	九州
033 古本太乙淘金歌	宣纸线装1函1册	280.00	九州
034 重刊地理葬埋黑通书	宣纸线装1函2册	480.00	九州
035 壬归	宣纸线装1函2册	480.00	九州
036 大六壬苗公鬼撮脚二种合刊	宣纸线装1函1册	280.00	九州
037 大六壬鬼撮脚射覆	宣纸线装1函2册	480.00	九州
038 大六壬金柜经	宣纸线装1函1册	280.00	九州
039 纪氏奇门秘书仕学备余	宣纸线装1函1册	280.00	九州

书　名	作　者	定　价	版别
040 八门九星阴阳二遁全本奇门断	宣纸线装 2 函 18 册	3680.00	九州
041 李卫公奇门心法	宣纸线装 1 函 1 册	280.00	九州
042 武侯行兵遁甲金函玉镜海底眼	宣纸线装 1 函 1 册	280.00	九州
043 诸葛武侯奇门千金诀	宣纸线装 1 函 1 册	280.00	九州
044 隔夜神算	宣纸线装 1 函 1 册	280.00	九州
045 地理五种秘笈合刊	宣纸线装 1 函 1 册	280.00	九州
046 地理雪心赋句解	宣纸线装 1 函 2 册	480.00	九州
047 九天玄女青囊经	宣纸线装 1 函 1 册	280.00	九州
048 考定撼龙经	宣纸线装 1 函 1 册	280.00	九州
049 刘江东家藏善本葬书	宣纸线装 1 函 1 册	280.00	九州
050 杨公六段玄机赋杨筠松安门楼玉辇经合刊	宣纸线装 1 函 1 册	280.00	九州
051 风水金鉴	宣纸线装 1 函 1 册	280.00	九州
052 新镌碎玉剖秘地理不求人	宣纸线装 1 函 2 册	480.00	九州
053 阳宅八门金光斗临经	宣纸线装 1 函 1 册	280.00	九州
054 新镌徐氏家藏罗经顶门针	宣纸线装 1 函 2 册	480.00	九州
055 影印乾隆丙午刻本地理五诀	宣纸线装 1 函 4 册	880.00	九州
056 地理诀要雪心赋	宣纸线装 1 函 2 册	480.00	九州
057 蒋氏平阶家藏善本插泥剑	宣纸线装 1 函 1 册	280.00	九州
058 蒋大鸿家传地理归厚录	宣纸线装 1 函 1 册	280.00	九州
059 蒋大鸿家传三元地理秘书	宣纸线装 1 函 1 册	280.00	九州
060 蒋大鸿家传天星选择秘旨	宣纸线装 1 函 1 册	280.00	九州
061 撼龙经批注校补	宣纸线装 1 函 4 册	880.00	九州
062 疑龙经批注校补一全	宣纸线装 1 函 1 册	280.00	九州
063 种筠书屋较订山法诸书	宣纸线装 1 函 2 册	480.00	九州
064 堪舆倒杖诀 拨砂经遗篇 合刊	宣纸线装 1 函 1 册	280.00	九州
065 认龙天宝经	宣纸线装 1 函 1 册	280.00	九州
066 天机望龙经刘氏心法 杨公骑龙穴诗合刊	宣纸线装 1 函 1 册	280.00	九州
067 风水一夜仙秘传三种合刊	宣纸线装 1 函 1 册	280.00	九州
068 新镌地理八窍	宣纸线装 1 函 2 册	480.00	九州
069 地理解醒	宣纸线装 1 函 1 册	280.00	九州
070 峦头指迷	宣纸线装 1 函 3 册	680.00	九州
071 茅山上清灵符	宣纸线装 1 函 2 册	480.00	九州
072 茅山上清镇禳摄制秘法	宣纸线装 1 函 1 册	280.00	九州
073 天医祝由科秘抄	宣纸线装 1 函 2 册	480.00	九州
074 千镇百镇桃花镇	宣纸线装 1 函 2 册	480.00	九州
075 轩辕碑记医学祝由十三科治病奇书合刊	宣纸线装 1 函 1 册	280.00	九州
076 清抄真本祝由科秘诀全书	宣纸线装 1 函 3 册	680.00	九州
077 增补秘传万法归宗	宣纸线装 1 函 2 册	480.00	九州
078 祝由科诸符秘卷祝由科诸符秘旨合刊	宣纸线装 1 函 1 册	280.00	九州
079 辰州符咒大全	宣纸线装 1 函 4 册	880.00	九州

书　名	作　者	定　价	版别
080 万历初刻三命通会	宣纸线装2函12册	2480.00	九州
081 新编三车一览子平渊源注解	宣纸线装1函3册	680.00	九州
082 命理用神精华	宣纸线装1函3册	680.00	九州
083 命学探骊集	宣纸线装1函1册	280.00	九州
084 相诀摘要	宣纸线装1函2册	480.00	九州
085 相法秘传	宣纸线装1函1册	280.00	九州
086 新编相法五总龟	宣纸线装1函1册	280.00	九州
087 相学统宗心易秘传	宣纸线装1函2册	480.00	九州
088 秘本大清相法	宣纸线装1函2册	480.00	九州
089 相法易知	宣纸线装1函1册	280.00	九州
090 星命风水秘传	宣纸线装1函1册	280.00	九州
091 大六壬隔山照	宣纸线装1函2册	480.00	九州
092 大六壬考正	宣纸线装1函1册	280.00	九州
093 大六壬类阐	宣纸线装1函2册	480.00	九州
094 六壬心镜集注	宣纸线装1函1册	280.00	九州
095 遁甲吾学编	宣纸线装1函2册	480.00	九州
096 刘明江家藏善本奇门衍象	宣纸线装1函1册	280.00	九州
097 遁甲天书秘文	宣纸线装1函2册	480.00	九州
098 金枢符应秘文	宣纸线装1函2册	480.00	九州
099 秘传金函奇门隐遁丁甲法书	宣纸线装1函2册	480.00	九州
100 六壬行军指南	宣纸线装2函10册	2080.00	九州
101 家藏阴阳二宅秘诀线法	宣纸线装1函2册	480.00	九州
102 阳宅一书阴宅一书合刊	宣纸线装1函1册	280.00	九州
103 地理法门全书	宣纸线装1函1册	280.00	九州
104 四真全书玉钥匙	宣纸线装1函1册	280.00	九州
105 重刊官板玉髓真经	宣纸线装1函4册	880.00	九州
106 明刊阳宅真诀	宣纸线装1函2册	480.00	九州
107 阳宅指南	宣纸线装1函1册	280.00	九州
108 阳宅秘传三书	宣纸线装1函1册	280.00	九州
109 阳宅都天滚盘珠	宣纸线装1函1册	280.00	九州
110 纪氏地理水法要诀	宣纸线装1函1册	280.00	九州
111 李默斋先生地理辟径集	宣纸线装1函2册	480.00	九州
112 李默斋先生辟径集续篇 地理秘缺	宣纸线装1函2册	480.00	九州
113 地理辨正自解	宣纸线装1函1册	280.00	九州
114 形家五要全编	宣纸线装1函4册	880.00	九州
115 地理辨正抉要	宣纸线装1函1册	280.00	九州
116 地理辨正揭隐	宣纸线装1函1册	280.00	九州
117 地学铁骨秘	宣纸线装1函1册	280.00	九州
118 地理辨正发秘初稿	宣纸线装1函1册	280.00	九州
119 三元宅墓图	宣纸线装1函1册	280.00	九州

书　　名	作　者	定　价	版别
120 参赞玄机地理仙婆集	宣纸线装 2 函 8 册	1680.00	九州
121 幕讲禅师玄空秘旨浅注外七种	宣纸线装 1 函 1 册	280.00	九州
122 玄空挨星图诀	宣纸线装 1 函 1 册	280.00	九州
123 影印稿本玄空地理筌蹄	宣纸线装 1 函 1 册	280.00	九州
124 玄空古义四种通释	宣纸线装 1 函 2 册	480.00	九州
125 地理疑义答问	宣纸线装 1 函 1 册	280.00	九州
126 王元极地理辨正冒禁录	宣纸线装 1 函 1 册	280.00	九州
127 王元极校补天元选择辨正	宣纸线装 1 函 3 册	680.00	九州
128 王元极选择辨真全书	宣纸线装 1 函 1 册	280.00	九州
129 王元极增批地理冰海原本地理冰海合刊	宣纸线装 1 函 1 册	280.00	九州
130 王元极三元阳宅萃篇	宣纸线装 1 函 2 册	480.00	九州
131 尹一勺先生地理精语	宣纸线装 1 函 1 册	280.00	九州
132 古本地理元真	宣纸线装 1 函 2 册	480.00	九州
133 杨公秘本搜地灵	宣纸线装 1 函 1 册	280.00	九州
134 秘藏千里眼	宣纸线装 1 函 1 册	280.00	九州
135 道光刊本地理或问	宣纸线装 1 函 1 册	280.00	九州
136 影印稿本地理秘诀	宣纸线装 1 函 2 册	480.00	九州
137 地理秘诀隔山照 地理括要 合刊	宣纸线装 1 函 1 册	280.00	九州
138 地理前后五十段	宣纸线装 1 函 2 册	480.00	九州
139 心耕书屋藏本地经图说	宣纸线装 1 函 1 册	280.00	九州
140 地理古本道法双谭	宣纸线装 1 函 1 册	280.00	九州
141 奇门遁甲元灵经	宣纸线装 1 函 1 册	280.00	九州
142 黄帝遁甲归藏大意 白猿真经 合刊	宣纸线装 1 函 1 册	280.00	九州
143 遁甲符应经	宣纸线装 1 函 2 册	480.00	九州
144 遁甲通明钤	宣纸线装 1 函 1 册	280.00	九州
145 景祐奇门秘纂	宣纸线装 1 函 2 册	480.00	九州
146 奇门先天要论	宣纸线装 1 函 2 册	480.00	九州
147 御定奇门古本	宣纸线装 1 函 2 册	480.00	九州
148 奇门吉凶格解	宣纸线装 1 函 1 册	280.00	九州
149 御定奇门宝鉴	宣纸线装 1 函 3 册	680.00	九州
150 奇门阐易	宣纸线装 1 函 2 册	480.00	九州
151 六壬总论	宣纸线装 1 函 1 册	280.00	九州
152 稿抄本大六壬翠羽歌	宣纸线装 1 函 1 册	280.00	九州
153 都天六壬神课	宣纸线装 1 函 1 册	280.00	九州
154 大六壬易简	宣纸线装 1 函 2 册	480.00	九州
155 太上六壬明鉴符阴经	宣纸线装 1 函 1 册	280.00	九州
156 增补关煞袖里金百中经	宣纸线装 1 函 1 册	280.00	九州
157 演禽三世相法	宣纸线装 1 函 2 册	480.00	九州
158 合婚便览 和合婚姻咒 合刊	宣纸线装 1 函 1 册	280.00	九州
159 神数十种	宣纸线装 1 函 1 册	280.00	九州

书　名	作　者	定　价	版别
160 神机灵数—掌经金钱课合刊	宣纸线装 1 函 1 册	280.00	九州
161 阴阳二宅易知录	宣纸线装 1 函 2 册	480.00	九州
162 阴宅镜	宣纸线装 1 函 2 册	480.00	九州
163 阳宅镜	宣纸线装 1 函 1 册	280.00	九州
164 清精抄本六圃地学	宣纸线装 1 函 1 册	280.00	九州
165 形峦神断书	宣纸线装 1 函 1 册	280.00	九州
166 堪舆三昧	宣纸线装 1 函 1 册	280.00	九州
167 遁甲奇门捷要	宣纸线装 1 函 1 册	280.00	九州
168 奇门遁甲备览	宣纸线装 1 函 1 册	280.00	九州
169 原传真本石室藏本圆光真传秘诀合刊	宣纸线装 1 函 1 册	280.00	九州
170 明抄全本壬归	宣纸线装 1 函 4 册	880.00	九州
171 董德彰水法秘诀水法断诀合刊	宣纸线装 1 函 1 册	280.00	九州
172 董德彰先生水法图说	宣纸线装 1 函 1 册	280.00	九州
173 董德彰先生泄天机纂要	宣纸线装 1 函 2 册	480.00	九州
174 李默斋先生地理秘传	宣纸线装 1 函 2 册	480.00	九州
175 新锓希夷陈先生紫微斗数全书	宣纸线装 1 函 3 册	680.00	九州
176 海源阁藏明刊麻衣相法全编	宣纸线装 1 函 2 册	480.00	九州
177 袁忠彻先生相法秘传	宣纸线装 1 函 3 册	680.00	九州
178 火珠林要旨 筮杙	宣纸线装 1 函 2 册	480.00	九州
179 火珠林占法秘传 续筮杙	宣纸线装 1 函 1 册	280.00	九州
180 六壬类聚	宣纸线装 1 函 4 册	880.00	九州
181 新刻麻衣相神异赋	宣纸线装 1 函 1 册	280.00	九州
182 诸葛武侯奇门遁甲全书	宣纸线装 1 函 2 册	480.00	九州
183 张九仪传地理偶摘	宣纸线装 1 函 1 册	280.00	九州
184 张九仪传地理偶注	宣纸线装 1 函 1 册	280.00	九州
185 阳宅玄珠	宣纸线装 1 函 1 册	280.00	九州
186 阴宅总论	宣纸线装 1 函 1 册	280.00	九州
187 新刻杨救贫秘传阴阳二宅便用统宗	宣纸线装 1 函 1 册	280.00	九州
188 增补理气图说	宣纸线装 1 函 2 册	480.00	九州
189 增补罗经图说	宣纸线装 1 函 1 册	280.00	九州
190 重镌官板阳宅大全	宣纸线装 1 函 4 册	880.00	九州
191 景祐太乙福应经	宣纸线装 1 函 1 册	280.00	九州
192 景祐遁甲符应经	宣纸线装 1 函 1 册	280.00	九州
193 景祐六壬神定经	宣纸线装 1 函 1 册	280.00	九州
194 御制禽遁符应经	宣纸线装 1 函 2 册	480.00	九州
195 秘传匠家鲁班经符法	宣纸线装 1 函 3 册	680.00	九州
196 哈佛藏本太史黄际飞注天玉经	宣纸线装 1 函 1 册	280.00	九州
197 李三素先生红囊经解	宣纸线装 1 函 1 册	280.00	九州
198 杨曾青囊天玉通义	宣纸线装 1 函 1 册	280.00	九州
199 重编大清钦天监焦秉贞彩绘历代推背图解	宣纸线装 1 函 2 册	680.00	九州

书　名	作　者	定　价	版别
200 道光初刻相理衡真	宣纸线装 1 函 4 册	880.00	九州
201 新刻袁柳庄先生秘传相法	宣纸线装 1 函 3 册	680.00	九州
202 袁忠彻相法古今识鉴	宣纸线装 1 函 2 册	480.00	九州
203 袁天纲五星三命指南	宣纸线装 1 函 2 册	480.00	九州
204 新刻五星玉镜	宣纸线装 1 函 3 册	680.00	九州
205 游艺录:筮遁壬行年斗数相宅	宣纸线装 1 函 1 册	280.00	九州
206 新订王氏罗经透解	宣纸线装 1 函 2 册	480.00	九州
207 堪舆真诠	宣纸线装 1 函 3 册	680.00	九州
208 青囊天机奥旨二种	宣纸线装 1 函 1 册	280.00	九州
209 张九仪传地理偶录	宣纸线装 1 函 1 册	280.00	九州
210 地学形势集	宣纸线装 1 函 8 册	1680.00	九州
211 神相水镜集	宣纸线装 1 函 4 册	880.00	九州
212 稀见相学秘笈四种合刊	宣纸线装 1 函 2 册	480.00	九州
213 神相金较剪	宣纸线装 1 函 1 册	280.00	九州
214 神相证验百条	宣纸线装 1 函 2 册	480.00	九州
215 全本神相全编	宣纸线装 1 函 3 册	680.00	九州
216 神相全编正义	宣纸线装 1 函 3 册	680.00	九州
217 八宅明镜	宣纸线装 1 函 2 册	480.00	九州
218 阳宅卜居秘髓	宣纸线装 1 函 3 册	680.00	九州
219 地理乾坤法窍	宣纸线装 1 函 3 册	680.00	九州
220 秘传廖公画筴拨砂经	宣纸线装 1 函 4 册	880.00	九州
221 地理囊金集注	宣纸线装 1 函 1 册	280.00	九州
222 赤松子罗经要旨	宣纸线装 1 函 1 册	280.00	九州
223 萧仙地理心法堪舆经	宣纸线装 1 函 2 册	480.00	九州
224 新刻地理搜龙奥语	宣纸线装 1 函 2 册	480.00	九州
225 新刻风水珠神真经	宣纸线装 1 函 2 册	480.00	九州
226 寻龙点穴地理索隐	宣纸线装 1 函 1 册	280.00	九州
227 杨公撼龙经考注	宣纸线装 1 函 2 册	480.00	九州
228 李德贞秘授三元秘诀	宣纸线装 1 函 1 册	280.00	九州
229 地理支陇乘气论	宣纸线装 1 函 2 册	480.00	九州
230 道光刻全本相山撮要	宣纸线装 2 函 6 册	1500.00	九州
231 药王真传祝由科全编	宣纸线装 1 函 1 册	280.00	九州
232 梵音斗科符箓秘书	宣纸线装 1 函 2 册	580.00	九州
233 御定奇门灵占	宣纸线装 1 函 4 册	880.00	九州
234 御定奇门宝镜图	宣纸线装 1 函 2 册	480.00	九州
235 汇纂大六壬玉钥匙心诀	宣纸线装 1 函 1 册	280.00	九州
236 补完直解六壬五变中黄经	宣纸线装 1 函 2 册	480.00	九州
237 六壬节要直讲	宣纸线装 1 函 2 册	480.00	九州
238 六壬神课捷要占验	宣纸线装 1 函 1 册	280.00	九州
239 六壬袖传神课捷要	宣纸线装 1 函 1 册	280.00	九州
240 秘藏大六壬大全善本	宣纸线装 2 函 8 册	1800.00	九州

书　名	作　者	定价	版别
增补四库青乌辑要[宣纸线装全18函59册]	郑同校	11680.00	九州
第1种：宅经[宣纸线装1册]	[署]黄帝撰	180.00	九州
第2种：葬书[宣纸线装1册]	[晋]郭璞撰	220.00	九州
第3种：青囊序青囊奥语天玉经[宣纸线装1册]	[唐]杨筠松撰	220.00	九州
第4种：黄囊经[宣纸线装1册]	[唐]杨筠松撰	220.00	九州
第5种：黑囊经[宣纸线装2册]	[唐]杨筠松撰	380.00	九州
第6种：锦囊经[宣纸线装1册]	[晋]郭璞撰	200.00	九州
第7种：天机贯旨红囊经[宣纸线装2册]	[清]李三素撰	380.00	九州
第8种：玉函天机素书/至宝经[宣纸线装1册]	[明]董德彰撰	200.00	九州
第9种：天机一贯[宣纸线装2册]	[清]李三素撰辑	380.00	九州
第10种：撼龙经[宣纸线装1册]	[唐]杨筠松撰	200.00	九州
第11种：疑龙经葬法倒杖[宣纸线装1册]	[唐]杨筠松撰	220.00	九州
第12种：疑龙经辨正[宣纸线装1册]	[唐]杨筠松撰	200.00	九州
第13种：寻龙记太华经[宣纸线装1册]	[唐]曾文辿撰	220.00	九州
第14种：宅谱要典[宣纸线装2册]	[清]铣溪野人校	380.00	九州
第15种：阳宅必用[宣纸线装2册]	心灯大师校订	380.00	九州
第16种：阳宅撮要[宣纸线装2册]	[清]吴鼒撰	380.00	九州
第17种：阳宅正宗[宣纸线装1册]	[清]姚承奥撰	200.00	九州
第18种：阳宅指掌[宣纸线装2册]	[清]黄海山人撰	380.00	九州
第19种：相宅新编[宣纸线装1册]	[清]焦循校刊	240.00	九州
第20种：阳宅井明[宣纸线装2册]	[清]邓颖出撰	380.00	九州
第21种：阴宅井明[宣纸线装1册]	[清]邓颖出撰	220.00	九州
第22种：灵城精义[宣纸线装2册]	[南唐]何溥撰	380.00	九州
第23种：龙穴砂水说[宣纸线装1册]	清抄秘本	180.00	九州
第24种：三元水法秘诀[宣纸线装2册]	清抄秘本	380.00	九州
第25种：罗经秘传[宣纸线装2册]	[清]傅禹辑	380.00	九州
第26种：穿山透地真传[宣纸线装2册]	[清]张九仪撰	380.00	九州
第27种：催官篇发微论[宣纸线装2册]	[宋]赖文俊撰	380.00	九州
第28种：入地眼神断要诀[宣纸线装2册]	清抄秘本	380.00	九州
第29种：玄空大卦秘断[宣纸线装1册]	清抄秘本	200.00	九州
第30种：玄空大五行真传口诀[宣纸线装1册]	[明]蒋大鸿等撰	220.00	九州
第31种：杨曾九宫颠倒打劫图说[宣纸线装1册]	[唐]杨筠松撰	200.00	九州
第32种：乌兔经奇验经[宣纸线装1册]	[唐]杨筠松撰	180.00	九州
第33种：挨星考注[宣纸线装1册]	[清]汪董缘订定	260.00	九州
第34种：地理挨星说汇要[宣纸线装1册]	[明]蒋大鸿撰辑	220.00	九州
第35种：地理捷诀[宣纸线装1册]	[清]傅禹辑	200.00	九州
第36种：地理三仙秘旨[宣纸线装1册]	清抄秘本	200.00	九州
第37种：地理三字经[宣纸线装3册]	[清]程思乐撰	580.00	九州
第38种：地理雪心赋注解[宣纸线装2册]	[唐]卜则崑撰	380.00	九州
第39种：蒋公天元余义[宣纸线装1册]	[明]蒋大鸿等撰	220.00	九州
第40种：地理真传秘旨[宣纸线装3册]	[唐]杨筠松撰	580.00	九州

书 名	作 者	定 价	版别
增补四库未收方术汇刊第一辑(全28函)	线装影印本	11800.00	九州
第一辑01函:火珠林·卜筮正宗	[宋]麻衣道者著	340.00	九州
第一辑02函:全本增删卜易·增删卜易真诠	[清]野鹤老人撰	720.00	九州
第一辑03函:渊海子平音义评注·子平真诠·命理易知	[明]杨淙增校	360.00	九州
第一辑04函:滴天髓·附滴天秘诀·穷通宝鉴·附月谈赋	[宋]京图撰	360.00	九州
第一辑05函:参星秘要诹吉便览·玉函斗首三台通书·精校三元总录	[清]俞荣宽撰	460.00	九州
第一辑06函:陈子性藏书	[清]陈应选撰	580.00	九州
第一辑07函:崇正辟谬永吉通书·选择求真	[清]李奉来辑	500.00	九州
第一辑08函:增补选择通书玉匣记·永宁通书	[晋]许逊撰	400.00	九州
第一辑09函:新增阳宅爱众篇	[清]张觉正撰	480.00	九州
第一辑10函:地理四弹子·地理铅弹子砂水要诀	[清]张九仪注	340.00	九州
第一辑11函:地理五诀	[清]赵九峰著	200.00	九州
第一辑12函:地理直指原真	[清]释如玉撰	280.00	九州
第一辑13函:宫藏真本入地眼全书	[宋]释静道著	680.00	九州
第一辑14函:罗经顶门针·罗经解定·罗经透解	[明]徐之镆撰	360.00	九州
第一辑15函:校正详图青囊经·平砂玉尺经·地理辨正疏	[清]王宗臣著	300.00	九州
第一辑16函:一贯堪舆	[明]唐世友辑	240.00	九州
第一辑17函:阳宅大全·阳宅十书	[明]一壑居士集	600.00	九州
第一辑18函:阳宅大成五种	[清]魏青江撰	600.00	九州
第一辑19函:奇门五总龟·奇门遁甲统宗大全·奇门遁甲元灵经	[明]池纪撰	500.00	九州
第一辑20函:奇门遁甲秘笈全书	[明]刘伯温辑	280.00	九州
第一辑21函:奇门庐中阐秘	[汉]诸葛武侯撰	600.00	九州
第一辑22函:奇门遁甲元机·太乙秘书·六壬大占	[宋]岳珂纂辑	360.00	九州
第一辑23函:性命圭旨	[明]尹真人撰	480.00	九州
第一辑24函:紫微斗数全书	[宋]陈抟撰	200.00	九州
第一辑25函:千镇百镇桃花镇	[清]云石道人校	220.00	九州
第一辑26函:清抄真本祝由科秘诀全书·轩辕碑记医学祝由十三科	[上古]黄帝传	800.00	九州
第一辑27函:增补秘传万法归宗	[唐]李淳风撰	160.00	九州
第一辑28函:神机灵数一掌经金钱课·牙牌神数七种·珍本演禽三世相法	[清]诚文信校	440.00	九州
增补四库未收方术汇刊第二辑(全36函)	线装影印本	13800.00	九州
第二辑第1函:六爻断易一撮金·卜易秘诀海底眼	[宋]邵雍撰	200.00	九州
第二辑第2函:秘传子平渊源	燕山郑同校辑	280.00	九州
第二辑第3函:命理探原	[清]袁树珊撰	280.00	九州
第二辑第4函:命理正宗	[明]张楠撰集	180.00	九州
第二辑第5函:造化玄钥	庄圆校补	220.00	九州
第二辑第6函:命理寻源·子平管见	[清]徐乐吾撰	280.00	九州
第二辑第7函:京本风鉴相法	[明]回阳子校辑	380.00	九州
第二辑第8—9函:钦定协纪辨方书8册	[清]允禄编	780.00	九州
第二辑第10—11函:鳌头通书10册	[明]熊宗立撰辑	880.00	九州

书　　名	作　者	定　价	版别
第二辑第12-13函:象吉通书	[清]魏明远撰辑	1080.00	九州
第二辑第14函:选择宗镜·选择纪要	[朝鲜]南秉吉撰	360.00	九州
第二辑第15函:选择正宗	[清]顾宗秀撰辑	480.00	九州
第二辑第16函:仪度六壬选日要诀	[清]张九仪撰	680.00	九州
第二辑第17函:葬事择日法	郑同校辑	280.00	九州
第二辑第18函:地理不求人	[清]吴明初撰辑	240.00	九州
第二辑第19函:地理大成一:山法全书	[清]叶九升撰	680.00	九州
第二辑第20函:地理大成二:平阳全书	[清]叶九升撰	360.00	九州
第二辑第21函:地理大成三:地理六经注·地理大成四:罗经指南拔雾集·地理大成五:理气四诀	[清]叶九升撰	300.00	九州
第二辑第22函:地理录要	[明]蒋大鸿撰	480.00	九州
第二辑第23函:地理人子须知	[明]徐善继撰	480.00	九州
第二辑第24函:地理四秘全书	[清]尹一勺撰	380.00	九州
第二辑第25-26函:地理天机会元	[明]顾陵冈辑	1080.00	九州
第二辑第27函:地理正宗	[清]蒋宗城校订	280.00	九州
第二辑第28函:全图鲁班经	[明]午荣编	280.00	九州
第二辑第29函:秘传水龙经	[明]蒋大鸿撰	480.00	九州
第二辑第30函:阳宅集成	[清]姚廷銮纂	480.00	九州
第二辑第31函:阴宅集要	[清]姚廷銮纂	240.00	九州
第二辑第32函:辰州符咒大全	[清]觉玄子辑	480.00	九州
第二辑第33函:三元镇宅灵符秘箓·太上洞玄祛病灵符全书	[明]张宇初编	240.00	九州
第二辑第34函:太上混元祈福解灾三部神符	[明]张宇初编	360.00	九州
第二辑第35函:测字秘牒·先天易数·冲天易数/马前课	[清]程省撰	360.00	九州
第二辑第36函:秘传紫微	古朝鲜抄本	240.00	九州
子部善本1:新刊地理玄珠	精装古本影印	380.00	华龄
子部善本2:参赞玄机地理仙婆集	精装古本影印	380.00	华龄
子部善本3:章仲山地理九种(上下)	精装古本影印	760.00	华龄
子部善本4:八门九星阴阳二遁全本奇门断	精装古本影印	760.00	华龄
子部善本5:六壬统宗大全	精装古本影印	380.00	华龄
子部善本6:太乙统宗宝鉴	精装古本影印	380.00	华龄
子部善本7:重刊星海词林(全五册)	精装古本影印	1900.00	华龄
子部善本8:万历初刻三命通会(上下)	精装古本影印	760.00	华龄
子部善本9:增广沈氏玄空学(上下)	精装古本影印	760.00	华龄
子部善本10:江公择日秘稿	精装古本影印	380.00	华龄
子部善本11:刘氏家藏阐微通书(上下)	精装古本影印	760.00	华龄
子部善本12:影印增补高岛易断(上下)	精装古本影印	760.00	华龄
子部善本13:清刻足本铁板神数	精装古本影印	380.00	华龄
子部善本14:增订天官五星集腋(上下)	精装古本影印	760.00	华龄
子部善本15:太乙奇门六壬兵备统宗(上中下)	精装古本影印	1140.00	华龄
子部善本16:御定景祐奇门大全(上下)	精装古本影印	760.00	华龄
子部善本17:地理四秘全书十二种	精装古本影印	380.00	华龄

书　名	作　者	定　价	版别
子部善本18:全本地理统一全书	精装古本影印	380.00	华龄
子部善本19:廖公画策扒砂经(上下)	精装古本影印	760.00	华龄
子部善本20:明刊玉髓真经(上下)	精装古本影印	760.00	华龄
子部善本21:蒋大鸿家藏地学捷旨	精装古本影印	380.00	华龄
子部善本22:阳宅安居金镜	精装古本影印	380.00	华龄
子部善本23:新刊地理紫囊书(上下)	精装古本影印	760.00	华龄
子部善本24:地理大成五种(上下)	精装古本影印	760.00	华龄
子部善本25:初刻鳌头通书大全(上中下)	精装古本影印	1140.00	华龄
子部善本26:初刻象吉备要通书大全(上中下)	精装古本影印	1140.00	华龄
子部善本27:钦定协纪辨方书(武英殿板)(上下)	精装古本影印	760.00	华龄
子部善本28:初刻陈子性藏书(上中下)	精装古本影印	1140.00	华龄
子平遗书第1辑(甲子至戊辰,全三册)	精装古本影印	980.00	华龄
子平遗书第2辑(庚午至甲戌,全三册)	精装古本影印	980.00	华龄
子平遗书第3辑(乙亥至戊子,全三册)	精装古本影印	980.00	华龄
子平遗书第4辑(庚寅至庚子,全三册)	精装古本影印	980.00	华龄
子平遗书第5辑(辛丑至癸丑,全三册)	精装古本影印	980.00	华龄
子平遗书第6辑(甲寅至辛酉,全三册)	精装古本影印	980.00	华龄
风水择吉第一书:辨方(精装)	李明清著	168.00	华龄
珞琭子三命消息赋古注通疏(精装上下)	一明注疏	188.00	华龄
增补高岛易断(简体横排精装上下)	(清)王治本编译	198.00	华龄
中国古代术数基础理论(精装1函5册)	刘昌易著	495.00	团结
飞盘奇门:鸣法体系校释(精装上下)	刘金亮撰	198.00	九州
白话高岛易断(上下)	孙正治孙奥麟译	128.00	九州
润德堂丛书全编1:述卜筮星相学	袁树珊著	38.00	华龄
润德堂丛书全编2:命理探原	袁树珊著	38.00	华龄
润德堂丛书全编3:命谱	袁树珊著	68.00	华龄
润德堂丛书全编4:大六壬探原 养生三要	袁树珊著	38.00	华龄
润德堂丛书全编5:中西相人探原	袁树珊著	38.00	华龄
润德堂丛书全编6:选吉探原 八字万年历	袁树珊著	38.00	华龄
润德堂丛书全编7:中国历代卜人传(上中下)	袁树珊著	168.00	华龄
三式汇刊1:大六壬口诀纂	[明]林昌长辑	68.00	华龄
三式汇刊2:大六壬集应钤	[明]黄宾廷撰	198.00	华龄
三式汇刊3:奇门大全秘纂	[清]湖海居士撰	68.00	华龄
三式汇刊4:大六壬总归	[宋]郭子晟撰	58.00	华龄
三式汇刊5:大六壬心镜	[唐]徐道符辑	48.00	华龄
三式汇刊6:壬窍	[清]无无野人撰	48.00	华龄
青囊汇刊1:青囊秘要	[晋]郭璞等撰	48.00	华龄
青囊汇刊2:青囊海角经	[晋]郭璞等撰	48.00	华龄
青囊汇刊3:阳宅十书	[明]王君荣撰	48.00	华龄
青囊汇刊4:秘传水龙经	[明]蒋大鸿撰	68.00	华龄
青囊汇刊5:管氏地理指蒙	[三国]管辂撰	48.00	华龄

书　名	作者	定价	版别
青囊汇刊6:地理山洋指迷	[明]周景一撰	32.00	华龄
青囊汇刊7:地学答问	[清]魏清江撰	58.00	华龄
青囊汇刊8:地理铅弹子砂水要诀	[清]张九仪撰	68.00	华龄
青囊汇刊9:地理唛蔗录	[清]袁守定著	48.00	华龄
青囊汇刊10:八宅明镜	[清]箬冠道人编	48.00	华龄
青囊汇刊11:罗经透解	[清]王道亨著	58.00	华龄
青囊汇刊12:阳宅三要	[清]赵玉材撰	48.00	华龄
子平汇刊1:渊海子平大全	[宋]徐子平撰	48.00	华龄
子平汇刊2:秘本子平真诠	[清]沈孝瞻撰	38.00	华龄
子平汇刊3:命理金鉴	[清]志于道撰	38.00	华龄
子平汇刊4:秘授滴天髓阐微	[清]任铁樵注	48.00	华龄
子平汇刊5:穷通宝鉴评注	[清]徐乐吾注	48.00	华龄
子平汇刊6:神峰通考命理正宗	[明]张楠撰	38.00	华龄
子平汇刊7:新校命理探原	[清]袁树珊撰	48.00	华龄
子平汇刊8:重校绘图袁氏命谱	[清]袁树珊撰	68.00	华龄
子平汇刊9:增广汇校三命通会(全三册)	[明]万民英撰	168.00	华龄
纳甲汇刊1:校正全本增删卜易	郑同点校	68.00	华龄
纳甲汇刊2:校正全本卜筮正宗	郑同点校	48.00	华龄
纳甲汇刊3:校正全本易隐	郑同点校	48.00	华龄
纳甲汇刊4:校正全本易冒	郑同点校	48.00	华龄
纳甲汇刊5:校正全本易林补遗	郑同点校	38.00	华龄
纳甲汇刊6:校正全本卜筮全书	郑同点校	68.00	华龄
古今图书集成术数丛刊:卜筮(全二册)	[清]陈梦雷辑	80.00	华龄
古今图书集成术数丛刊:堪舆(全二册)	[清]陈梦雷辑	120.00	华龄
古今图书集成术数丛刊:相术(全一册)	[清]陈梦雷辑	60.00	华龄
古今图书集成术数丛刊:选择(全一册)	[清]陈梦雷辑	50.00	华龄
古今图书集成术数丛刊:星命(全三册)	[清]陈梦雷辑	180.00	华龄
古今图书集成术数丛刊:术数(全三册)	[清]陈梦雷辑	200.00	华龄
四库全书术数初集(全四册)	郑同点校	200.00	华龄
四库全书术数二集(全三册)	郑同点校	150.00	华龄
四库全书术数三集:钦定协纪辨方书(全二册)	郑同点校	98.00	华龄
增补鳌头通书大全(全三册)	[明]熊宗立撰辑	180.00	华龄
增补象吉备要通书大全(全三册)	[清]魏明远撰辑	180.00	华龄
增广沈氏玄空学	郑同点校	68.00	华龄
地理点穴撼龙经	郑同点校	32.00	华龄
绘图地理人子须知(上下)	郑同点校	78.00	华龄
玉函通秘	郑同点校	48.00	华龄
绘图入地眼全书	郑同点校	28.00	华龄
绘图地理五诀	郑同点校	48.00	华龄
一本书弄懂风水	郑同著	48.00	华龄
风水罗盘全解	傅洪光著	58.00	华龄

书 名	作 者	定 价	版别
堪舆精论	胡一鸣著	29.80	华龄
堪舆的秘密	宝通著	36.00	华龄
中国风水学初探	曾涌哲	58.00	华龄
全息太乙(修订版)	李德润著	68.00	华龄
时空太乙(修订版)	李德润著	68.00	华龄
故宫珍本六壬三书(上下)	张越点校	128.00	华龄
大六壬通解(全三册)	叶飘然著	168.00	华龄
壬占汇选(精抄历代六壬占验汇选)	肖岱宗点校	48.00	华龄
大六壬指南	郑同点校	28.00	华龄
六壬金口诀指玄	郑同点校	28.00	华龄
大六壬寻源编[全三册]	[清]周螭辑录	180.00	华龄
六壬辨疑 毕法案录	郑同点校	32.00	华龄
时空太乙(修订版)	李德润著	68.00	华龄
全息太乙(修订版)	李德润著	68.00	华龄
大六壬断案疏证	刘科乐著	58.00	华龄
六壬时空	刘科乐著	68.00	华龄
御定奇门宝鉴	郑同点校	58.00	华龄
御定奇门阳遁九局	郑同点校	78.00	华龄
御定奇门阴遁九局	郑同点校	78.00	华龄
奇门秘占合编:奇门庐中阐秘·四季开门	[汉]诸葛亮撰	68.00	华龄
奇门探索录	郑同编订	38.00	华龄
奇门遁甲秘笈大全	郑同点校	48.00	华龄
奇门旨归	郑同点校	48.00	华龄
奇门法窍	[清]锡孟樨撰	48.00	华龄
奇门精粹——奇门遁甲典籍大全	郑同点校	68.00	华龄
御定子平	郑同点校	48.00	华龄
增补星平会海全书	郑同点校	68.00	华龄
五行精纪:命理通考五行渊微	郑同点校	38.00	华龄
绘图三元总录	郑同编校	48.00	华龄
绘图全本玉匣记	郑同编校	32.00	华龄
周易初步:易学基础知识36讲	张绍金著	32.00	华龄
周易与中医养生:医易心法	成铁智著	32.00	华龄
梅花心易阐微	[清]杨体仁撰	48.00	华龄
梅花易数讲义	郑同著	58.00	华龄
白话梅花易数	郑同编著	30.00	华龄
梅花周易数全集	郑同点校	58.00	华龄
一本书读懂易经	郑同著	38.00	华龄
白话易经	郑同编著	38.00	华龄
知易术数学:开启术数之门	赵知易著	48.00	华龄
术数入门——奇门遁甲与京氏易学	王居恭著	48.00	华龄
周易虞氏义笺订(上下)	[清]李翊灼校订	78.00	九州

书　名	作　者	定　价	版别
阴阳五要奇书	[晋]郭璞撰	88.00	九州
壬奇要略（全5册：大六壬集应钤3册，大六壬口诀纂1册，御定奇门秘纂1册）	肖岱宗郑同点校	300.00	九州
周易明义	邱勇强著	73.00	九州
论语明义	邱勇强著	37.00	九州
中国风水史	傅洪光撰	32.00	九州
古本催官篇集注	李佳明校注	48.00	九州
鲁班经讲义	傅洪光著	48.00	九州
天星姓名学	侯景波著	38.00	燕山
解梦书	郑同、傅洪光著	58.00	燕山

　　周易书斋是国内最大的易学术数类图书邮购服务的专业书店，成立于2001年，现有易学及术数类图书现货6000余种，在海内外易学研究者中有着巨大的影响力。通讯地址：北京市102488信箱58分箱　邮编：102488　王兰梅收。

　　1、学易斋官方旗舰店网址：xyz888.jd.com　微信号：xyz15652026606
　　2、联系人：王兰梅　电话：13716780854，15652026606，(010)89360046
　　3、邮购费用固定，不论册数多少，每次收费7元。
　　4、银行汇款：户名：**王兰梅**。
　　　　邮政：601006359200109796　农行：6228480010308994218
　　　　工行：0200299001020728724　建行：1100579980130074603
　　　　交行：6222600910053875983　支付宝：13716780854
　　5、QQ：（周易书斋2）2839202242；QQ群：（周易书斋书友会）140125362。

北京周易书斋敬启